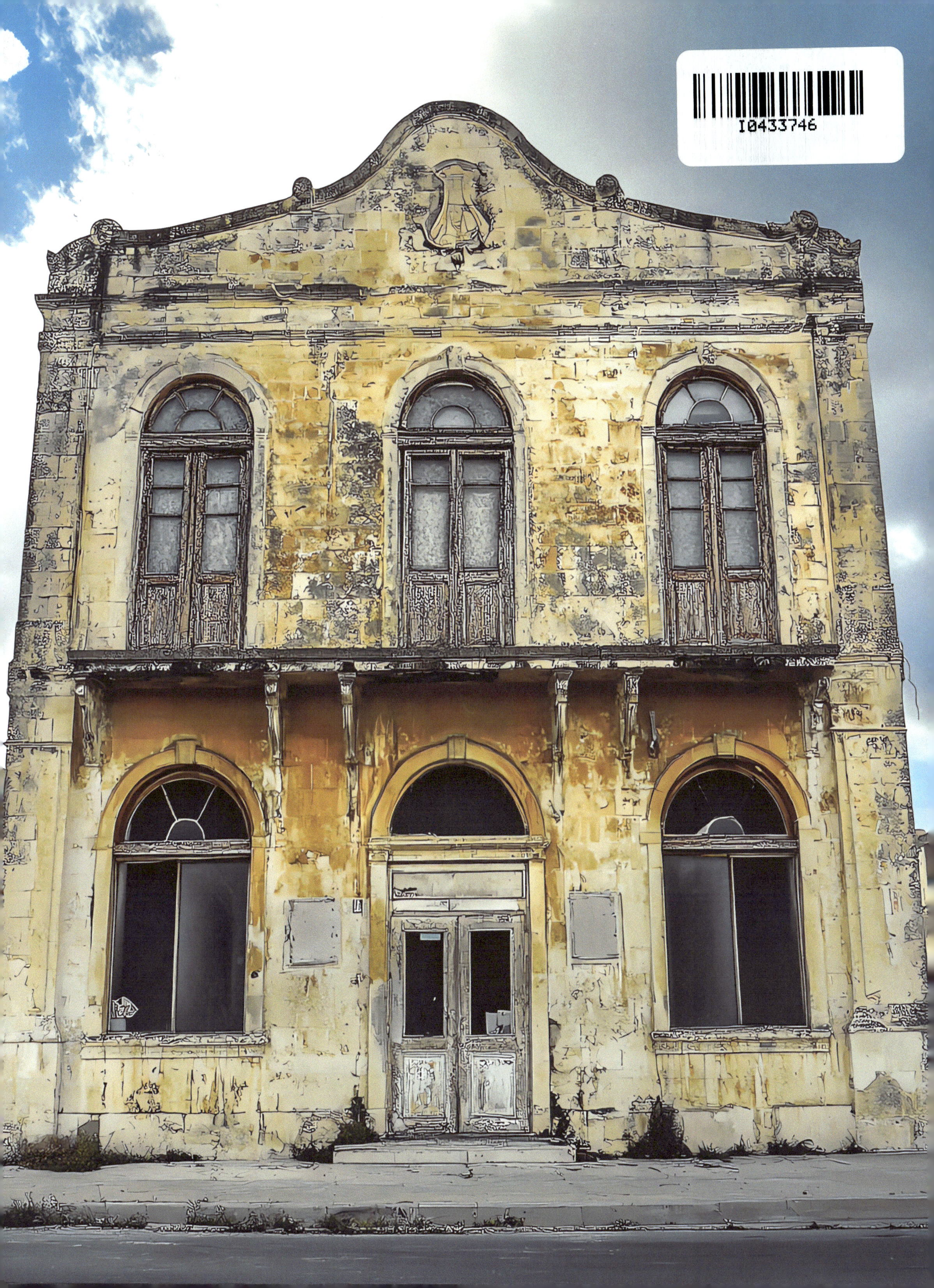

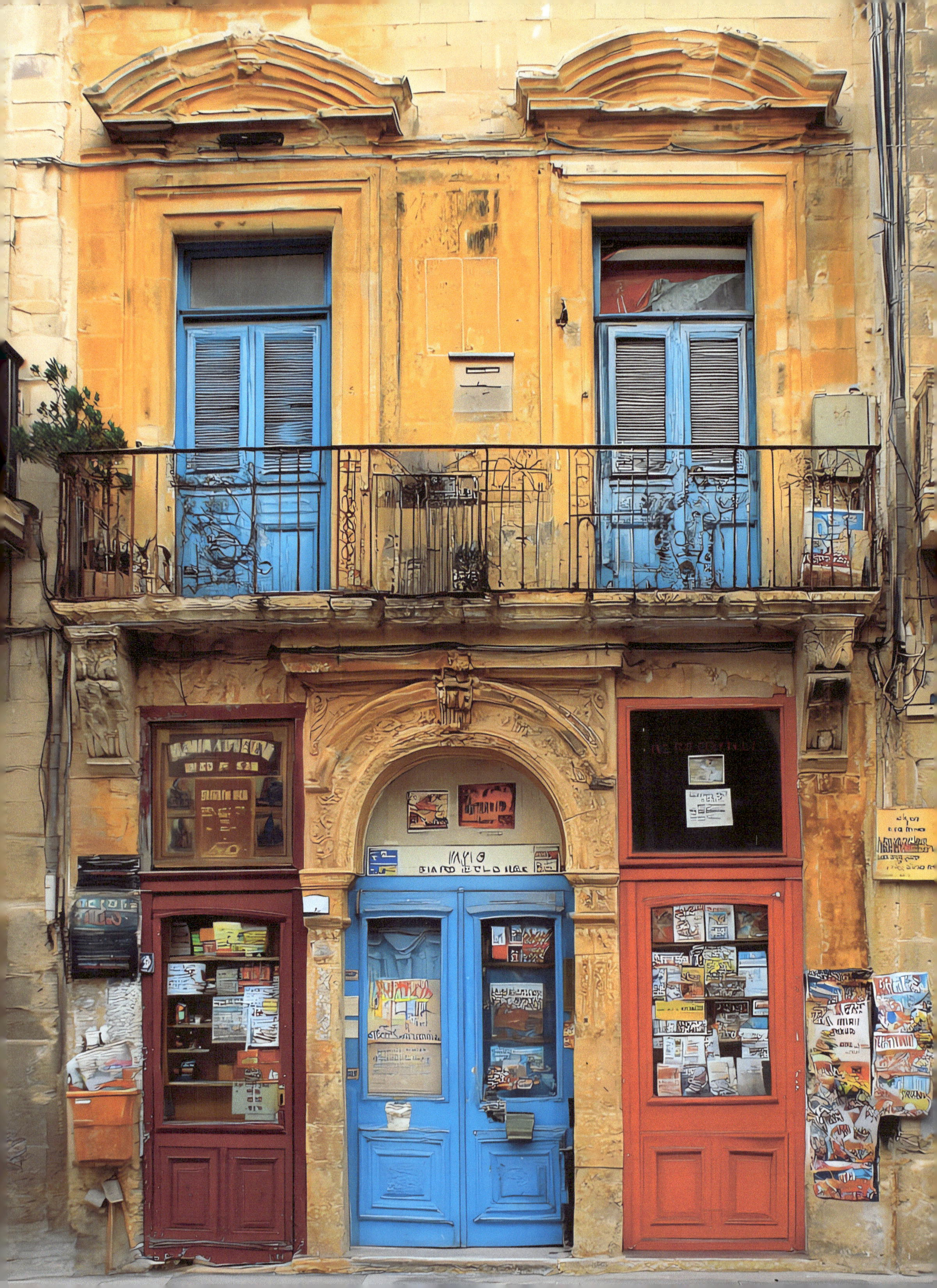

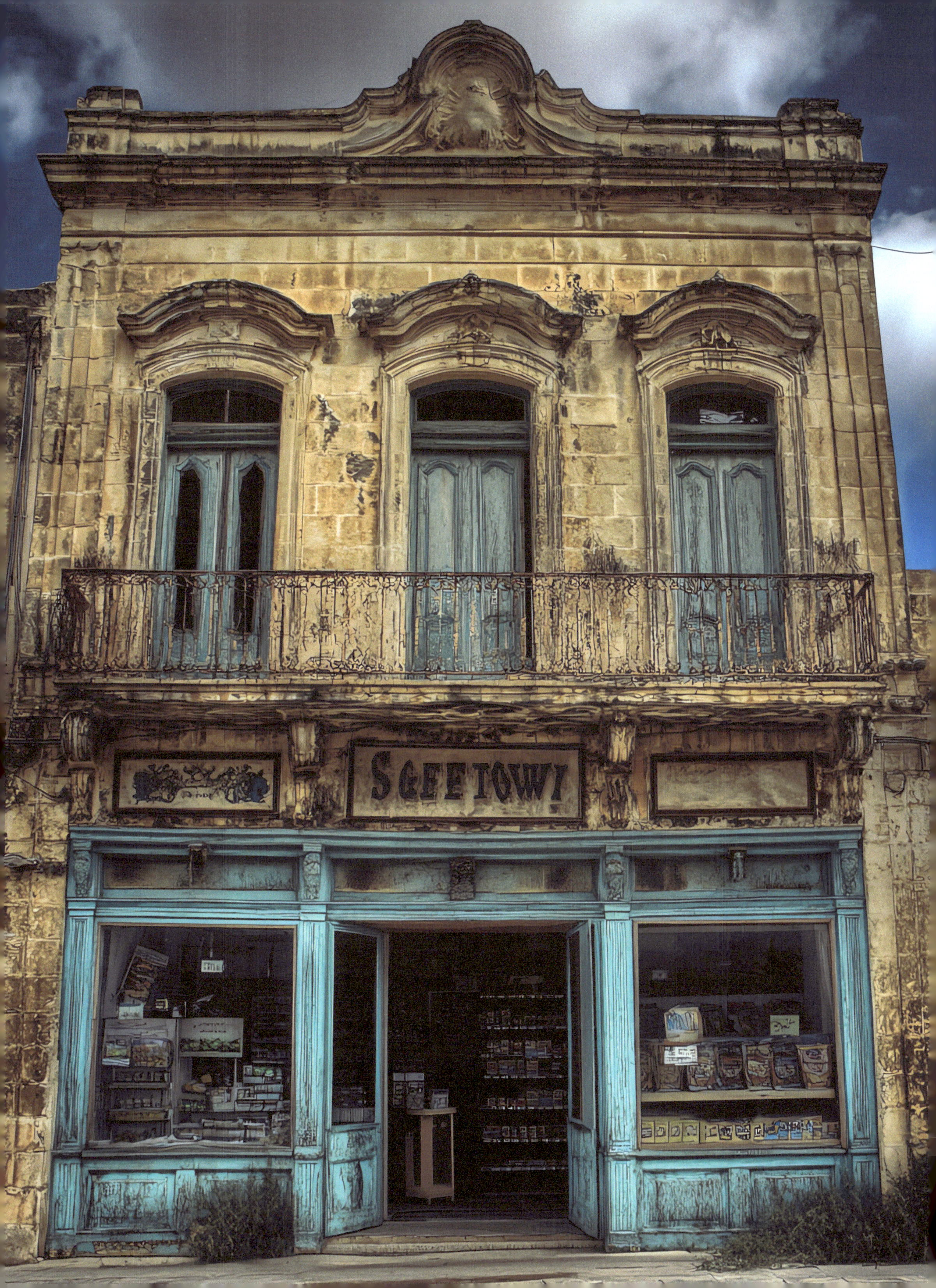
SGFFTOWI

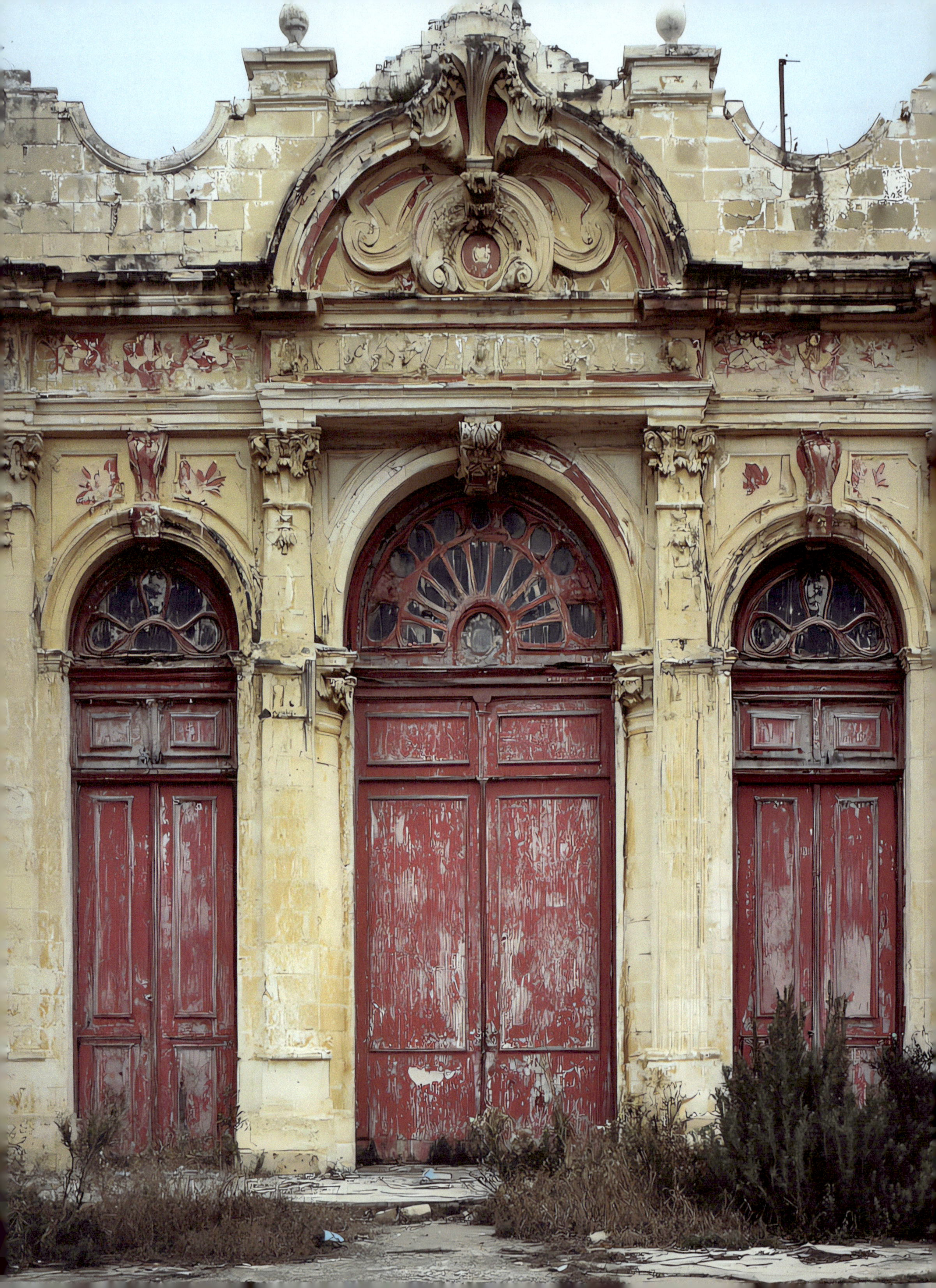

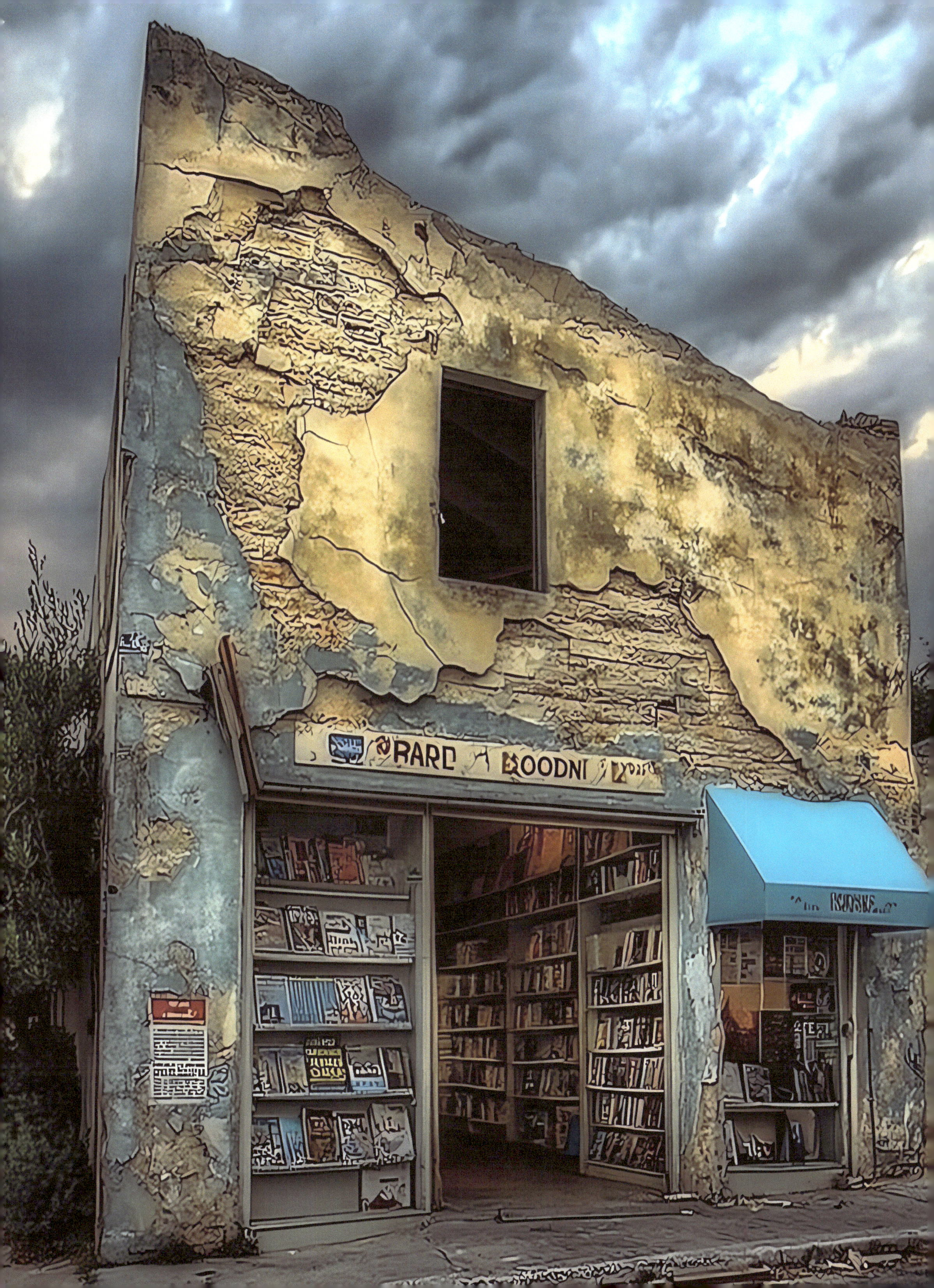

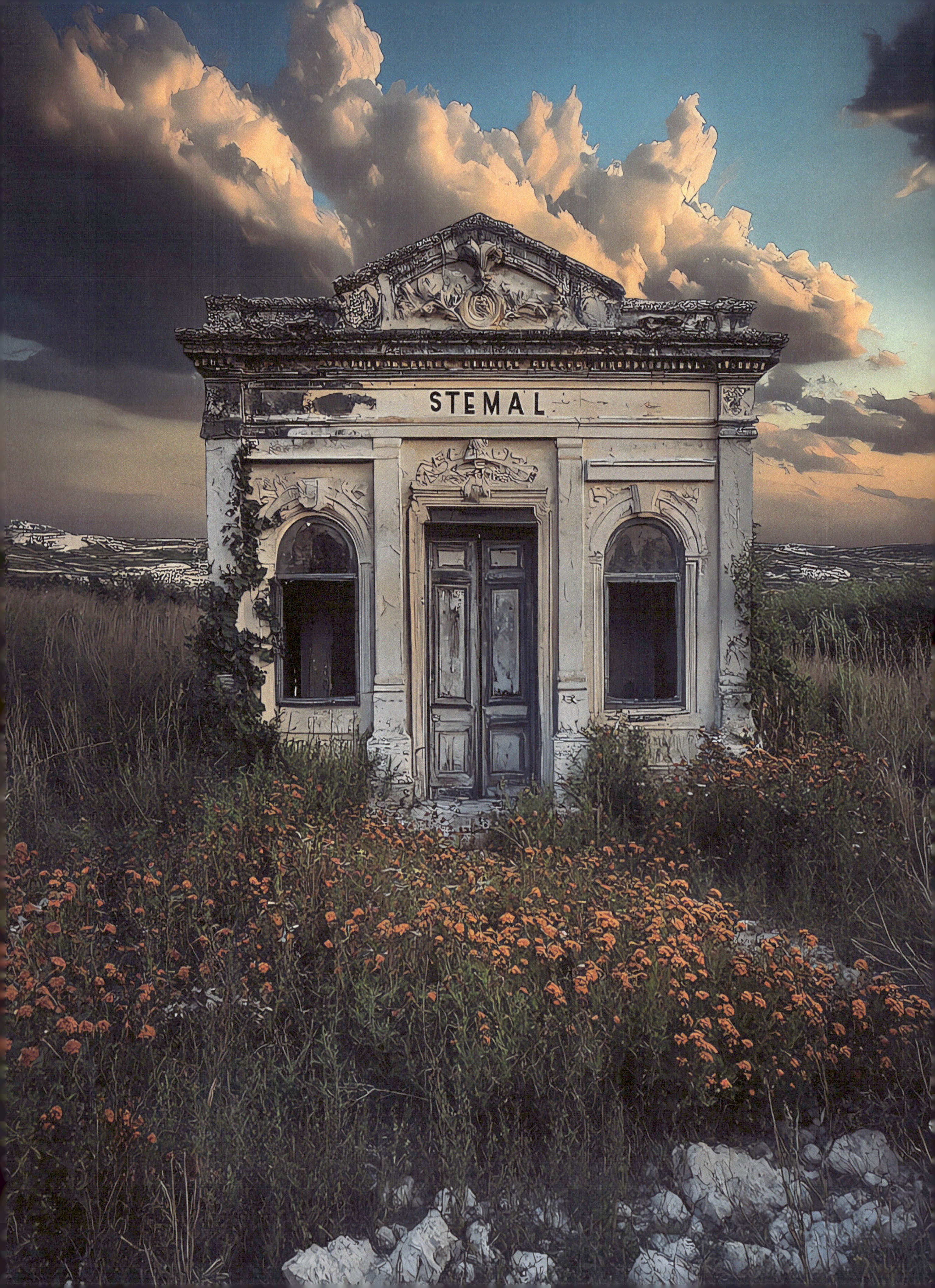
STEMAL

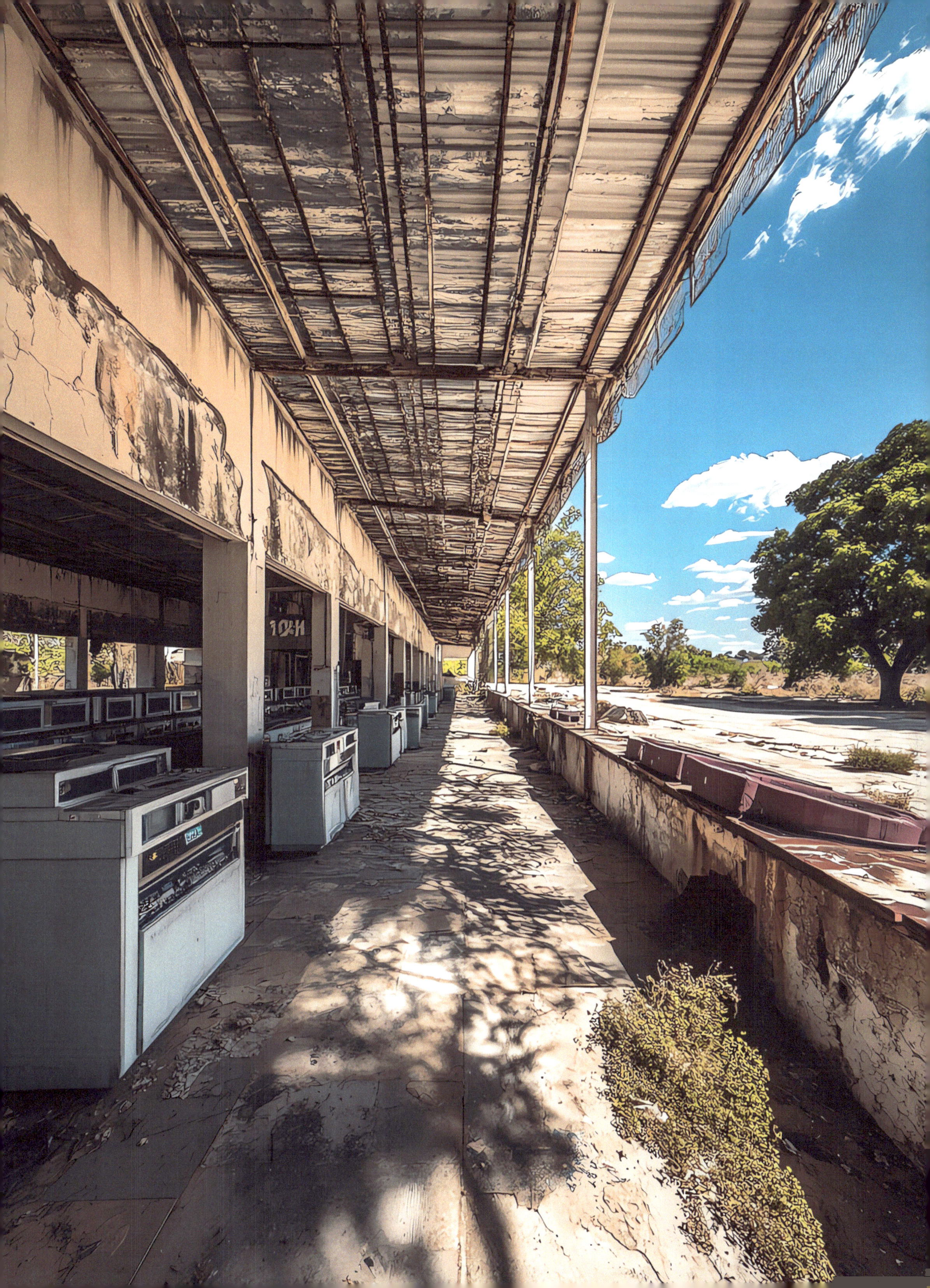

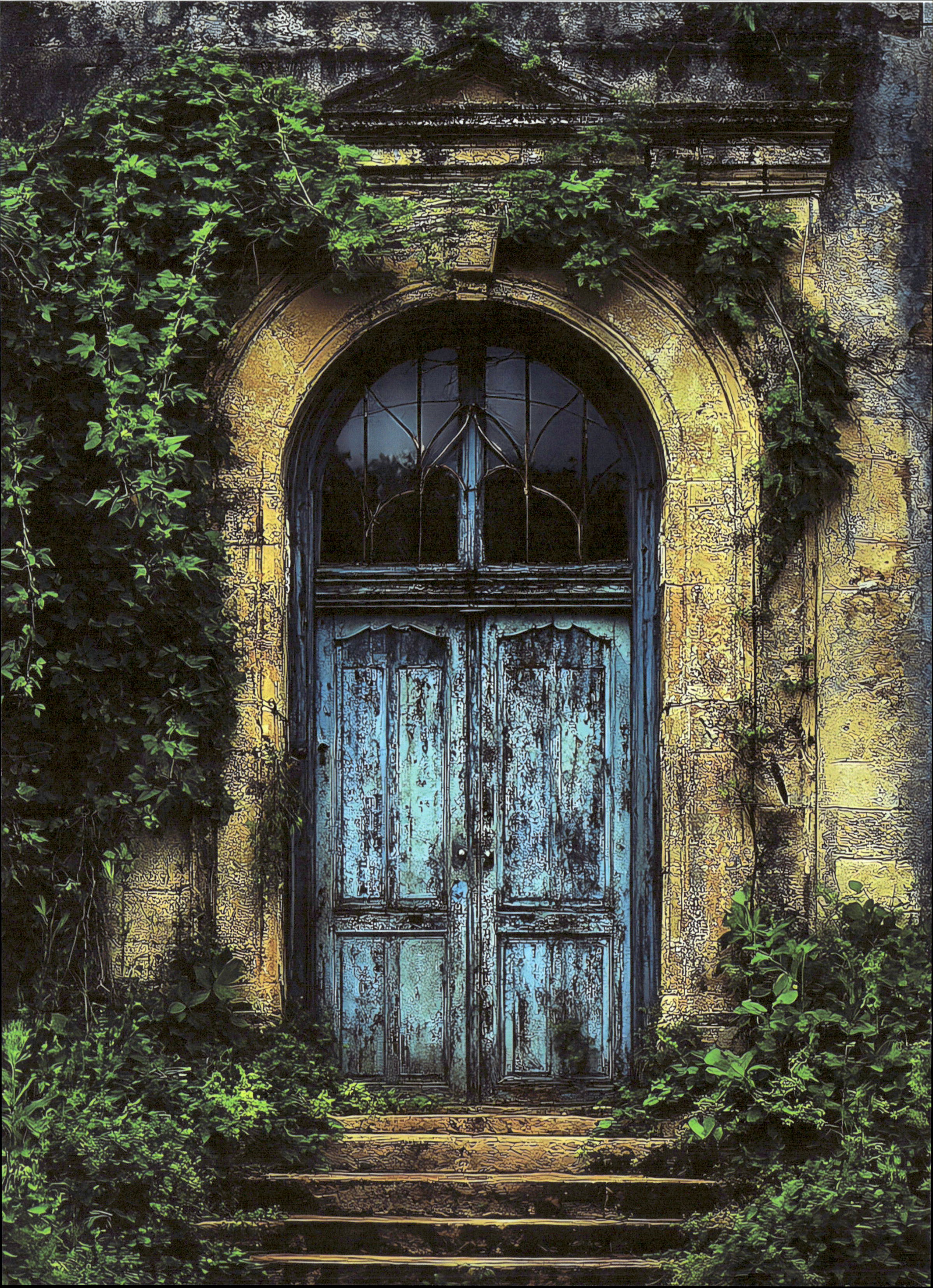

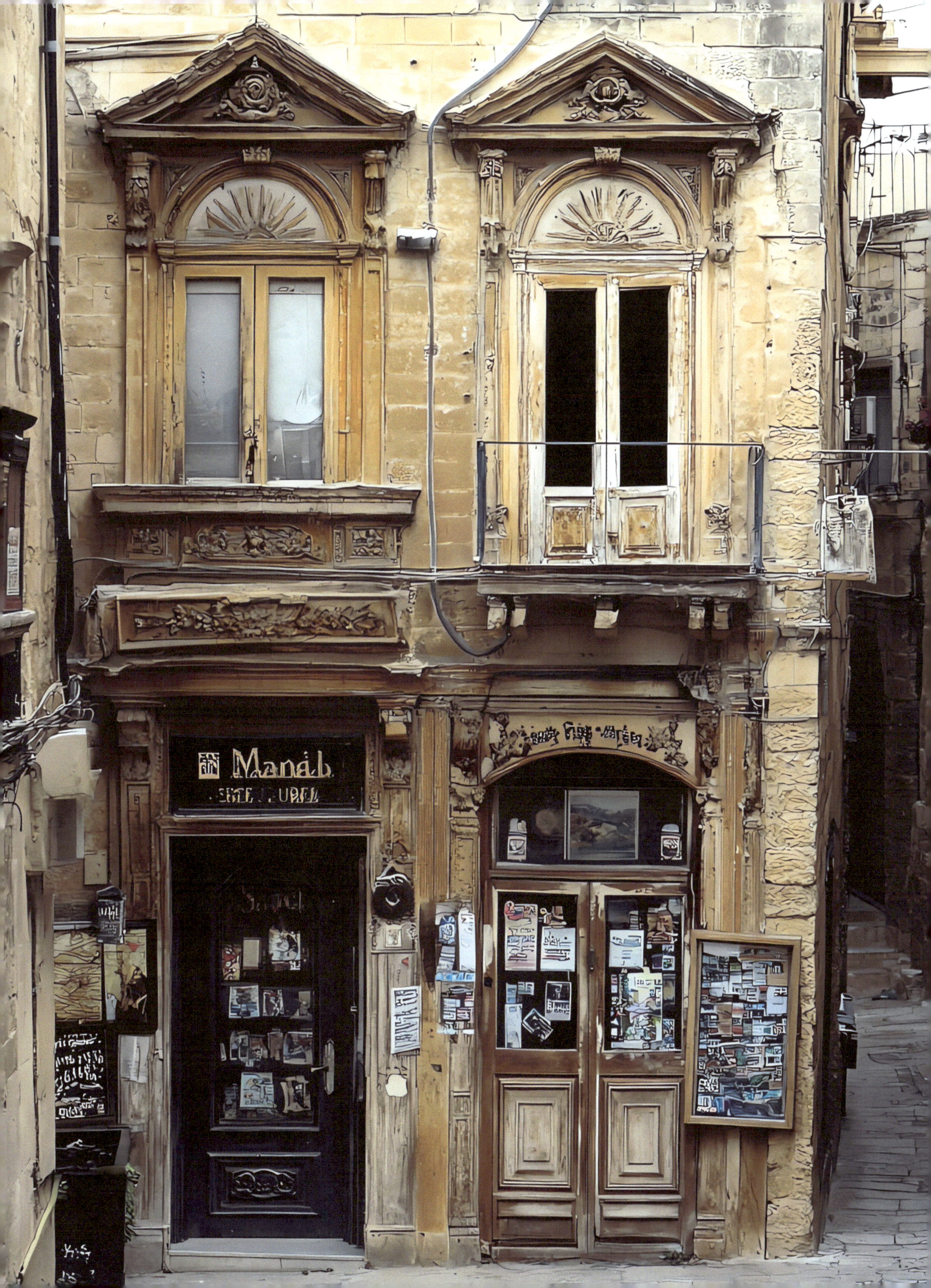
Manab

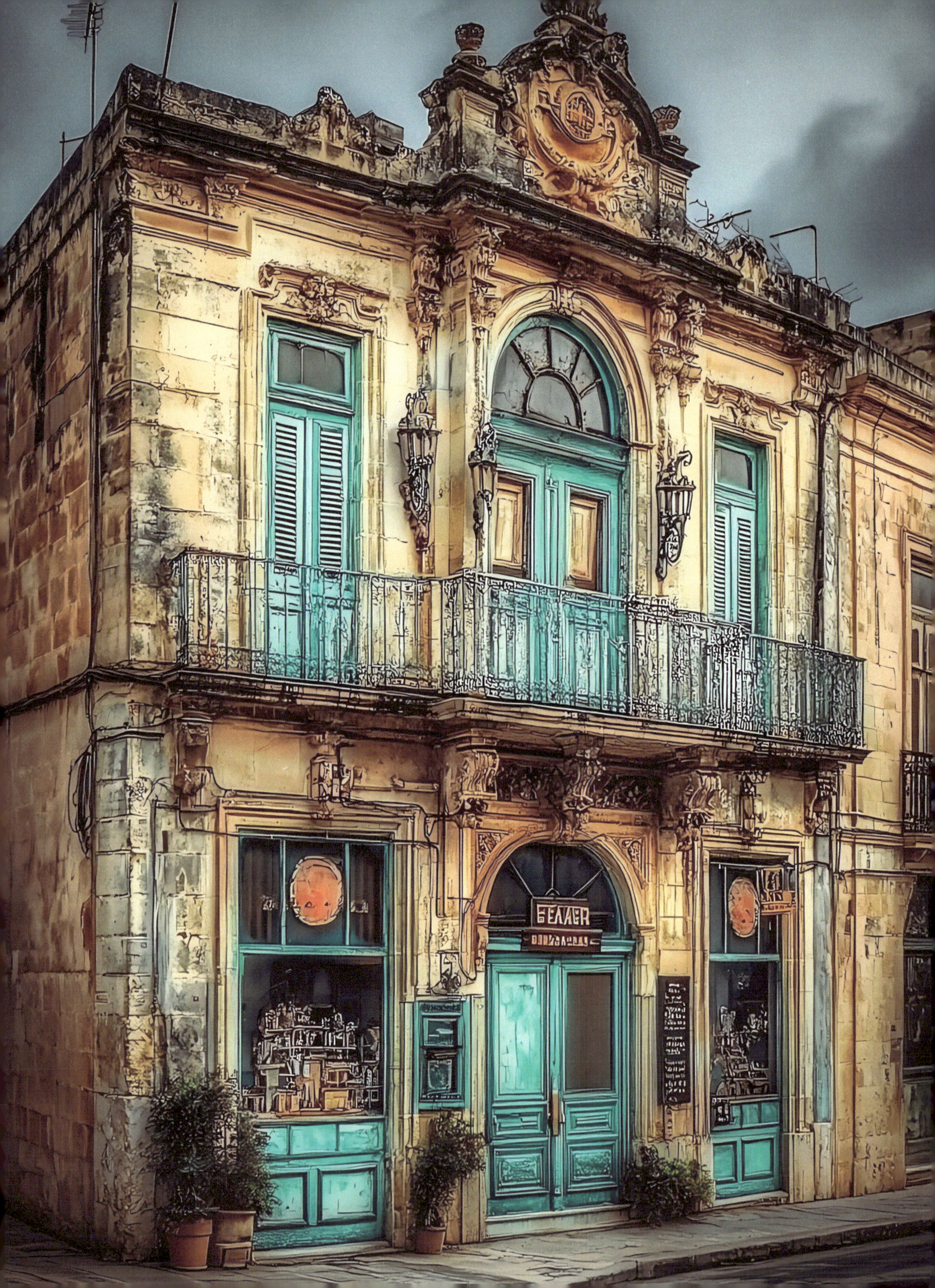

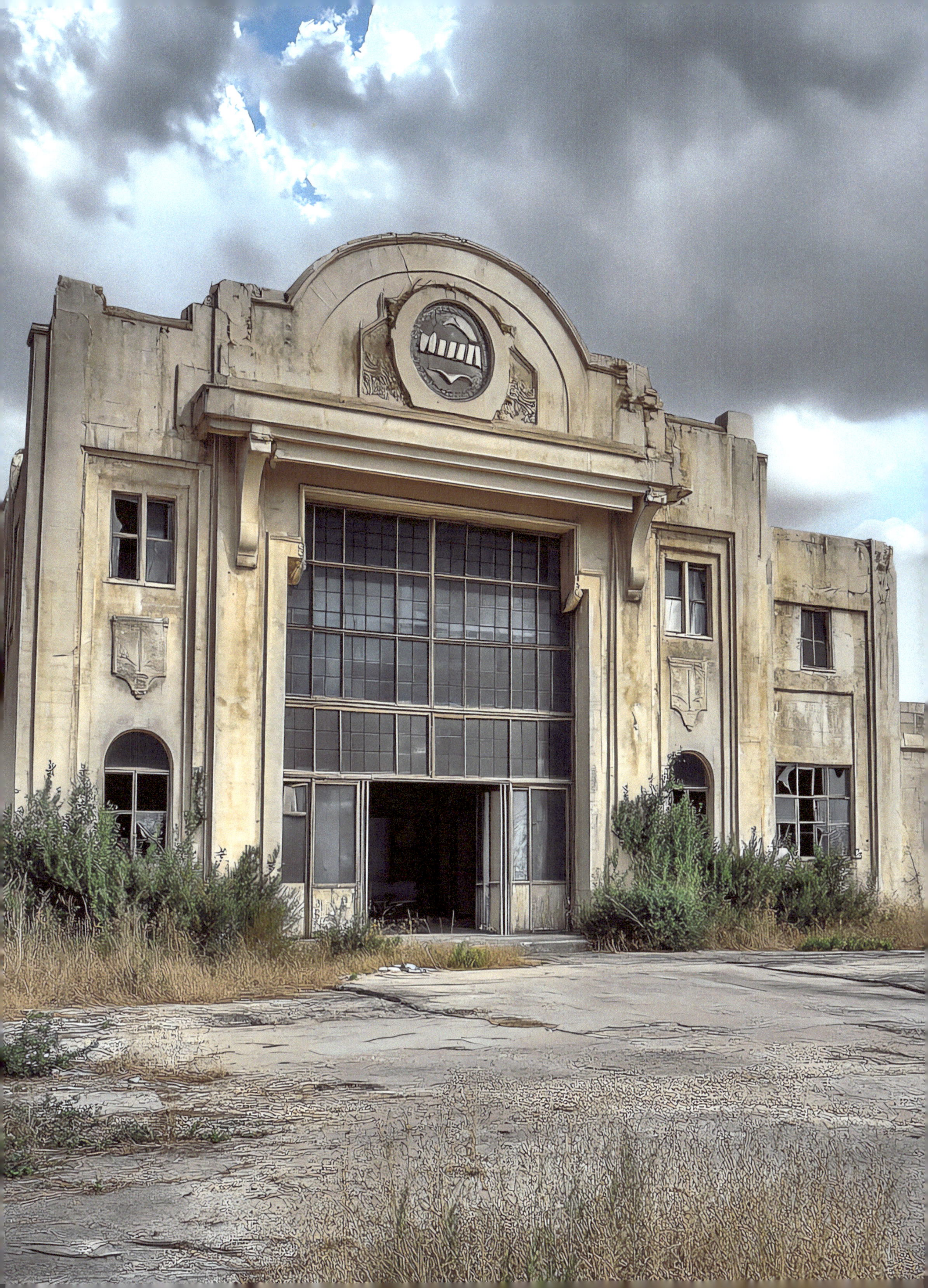

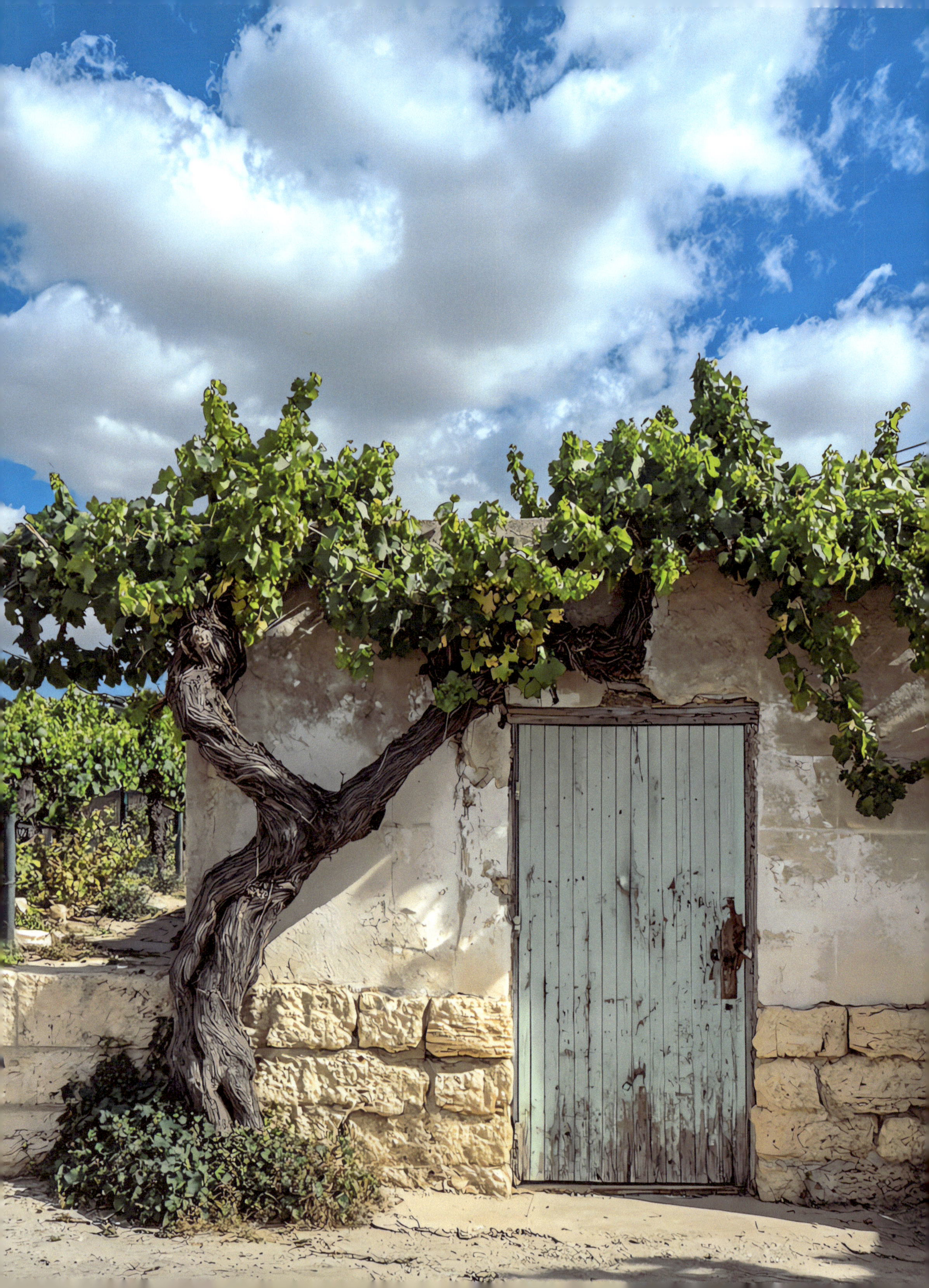

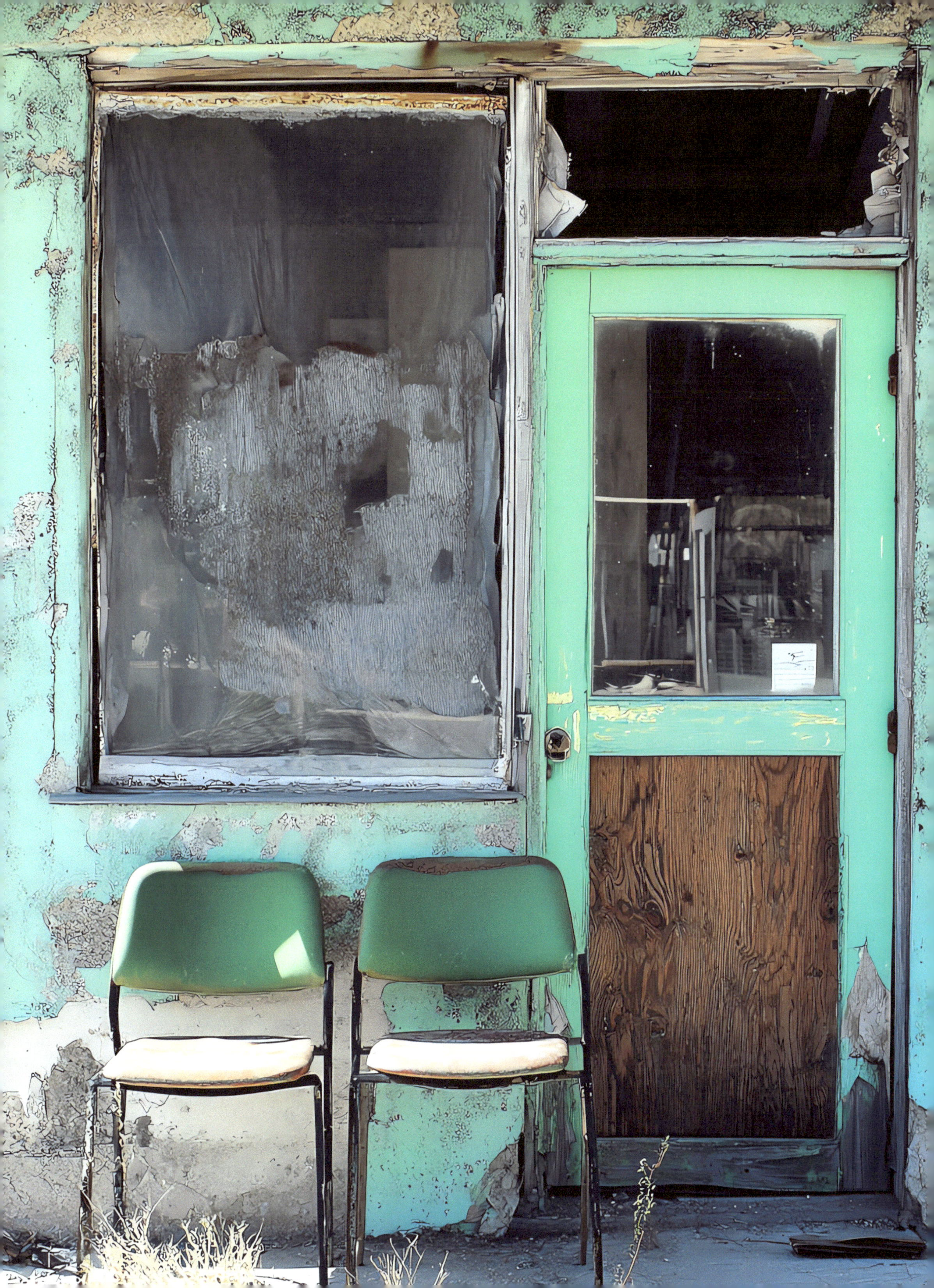

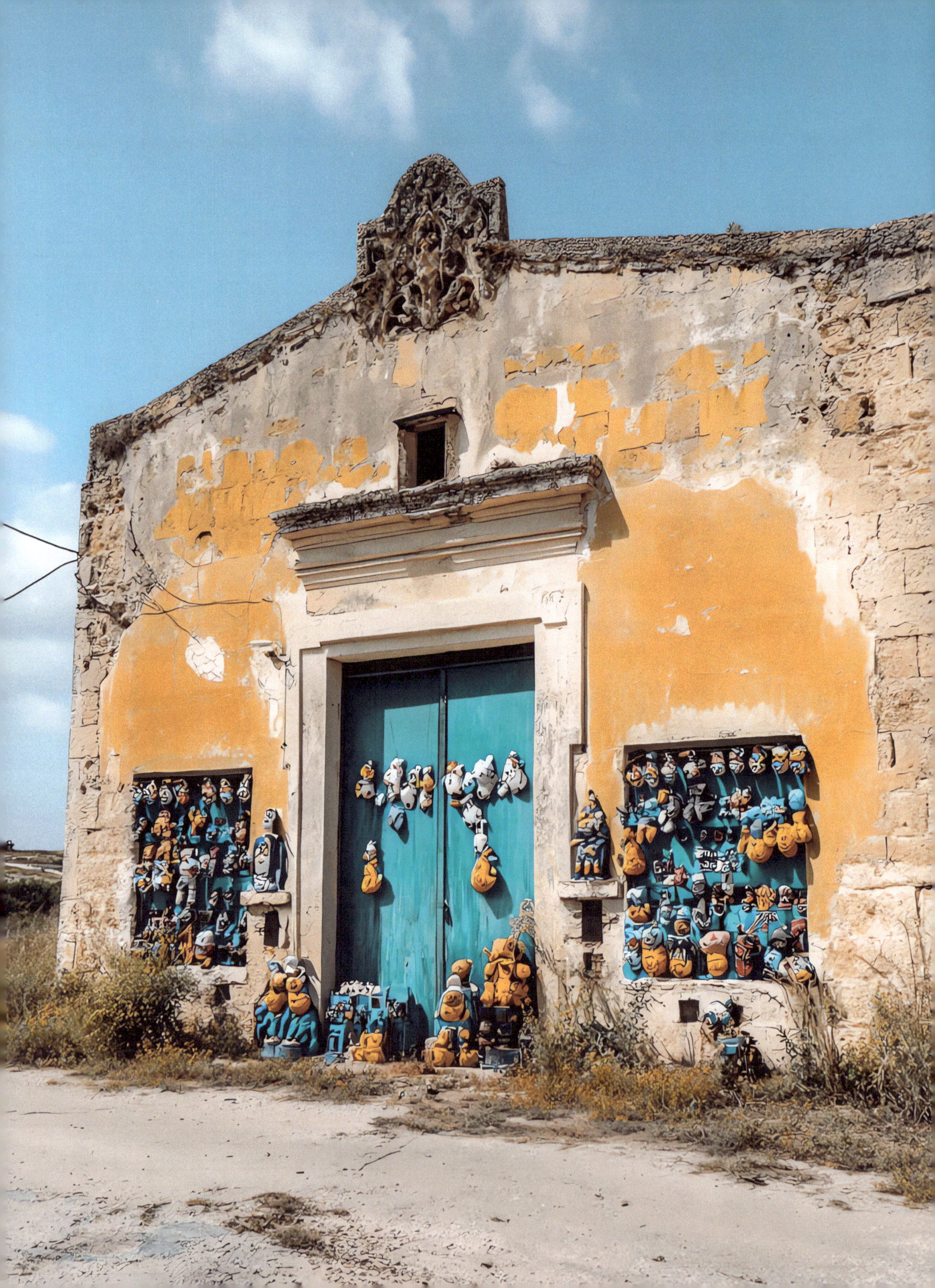

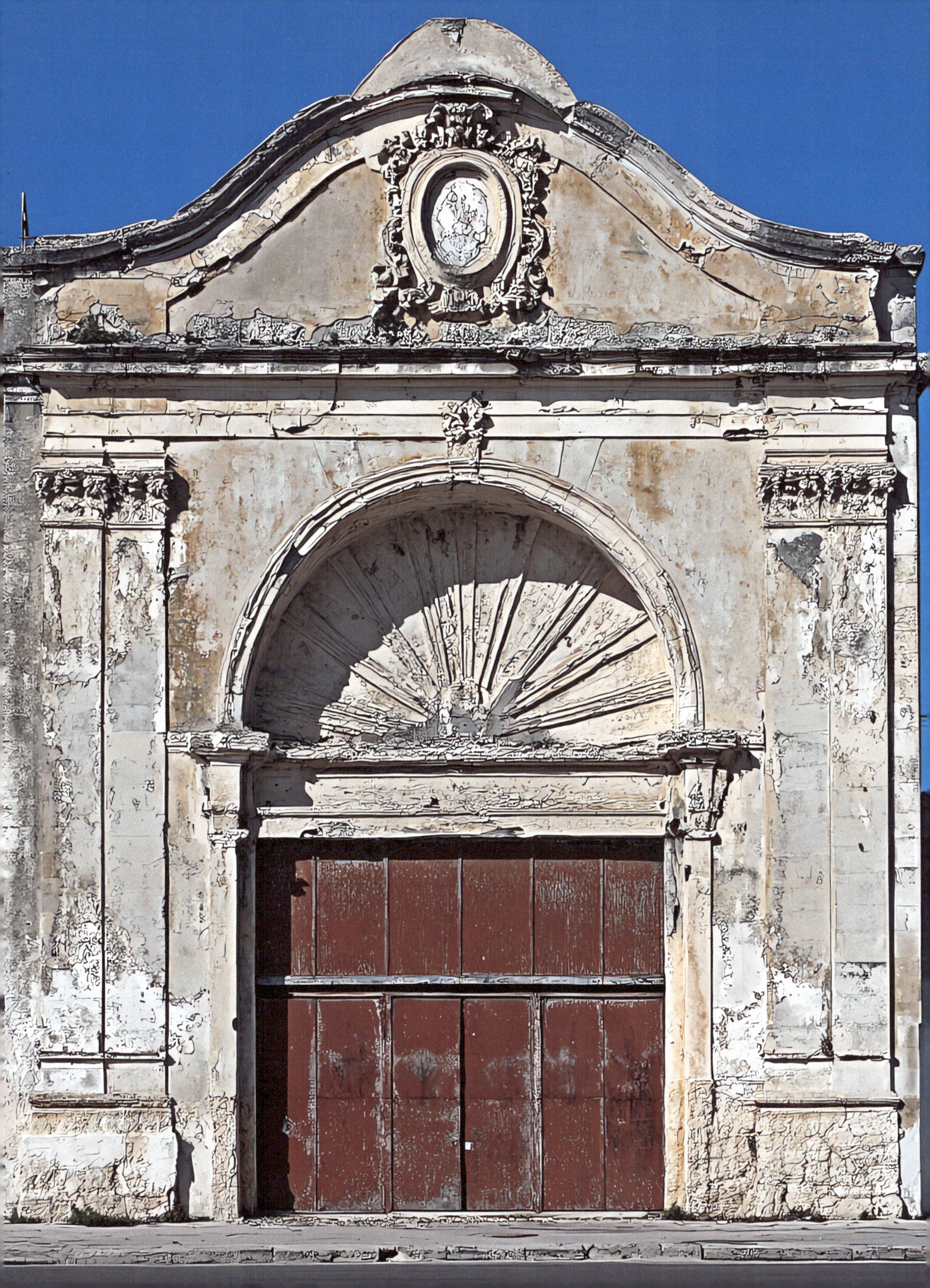

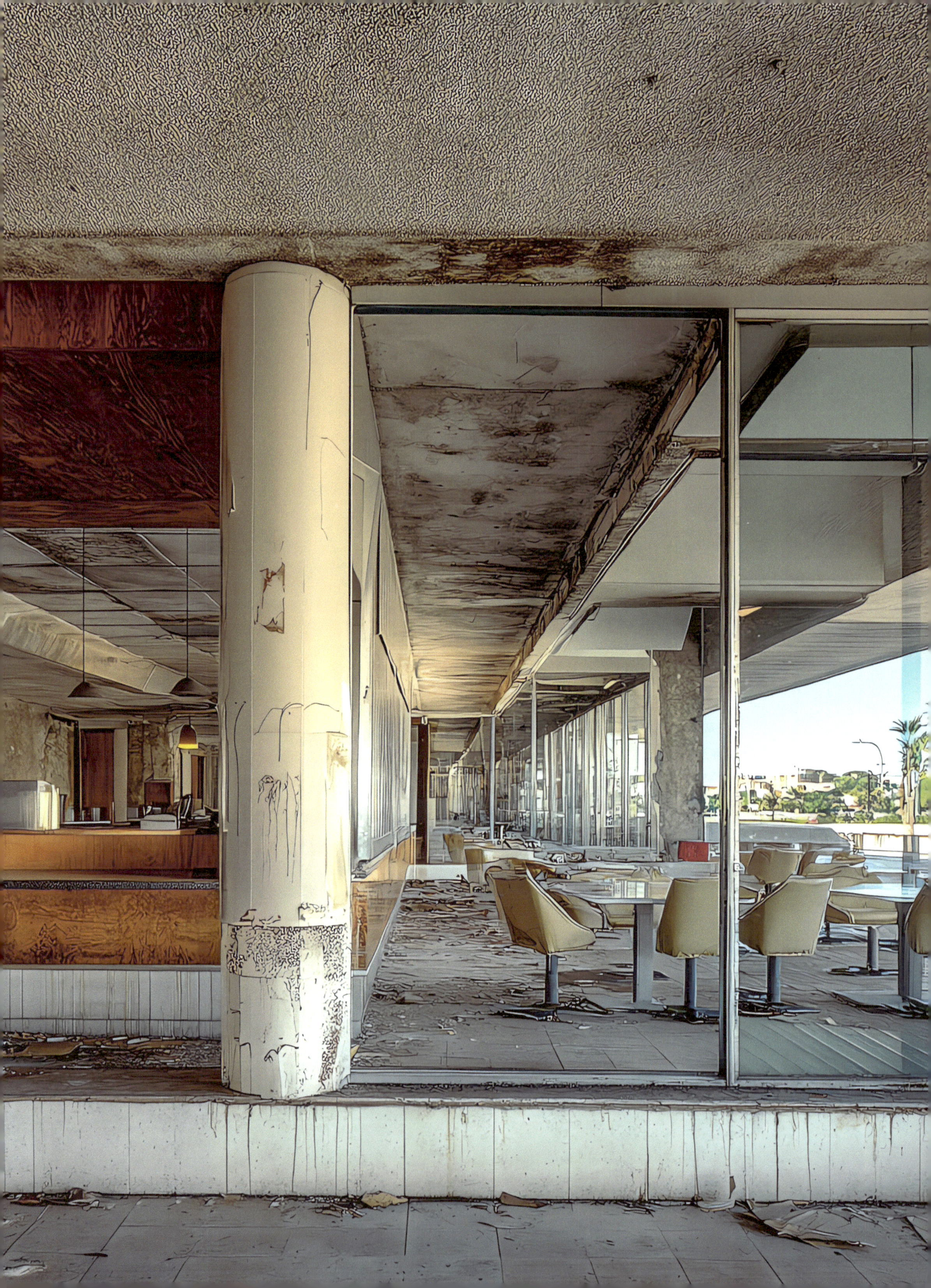

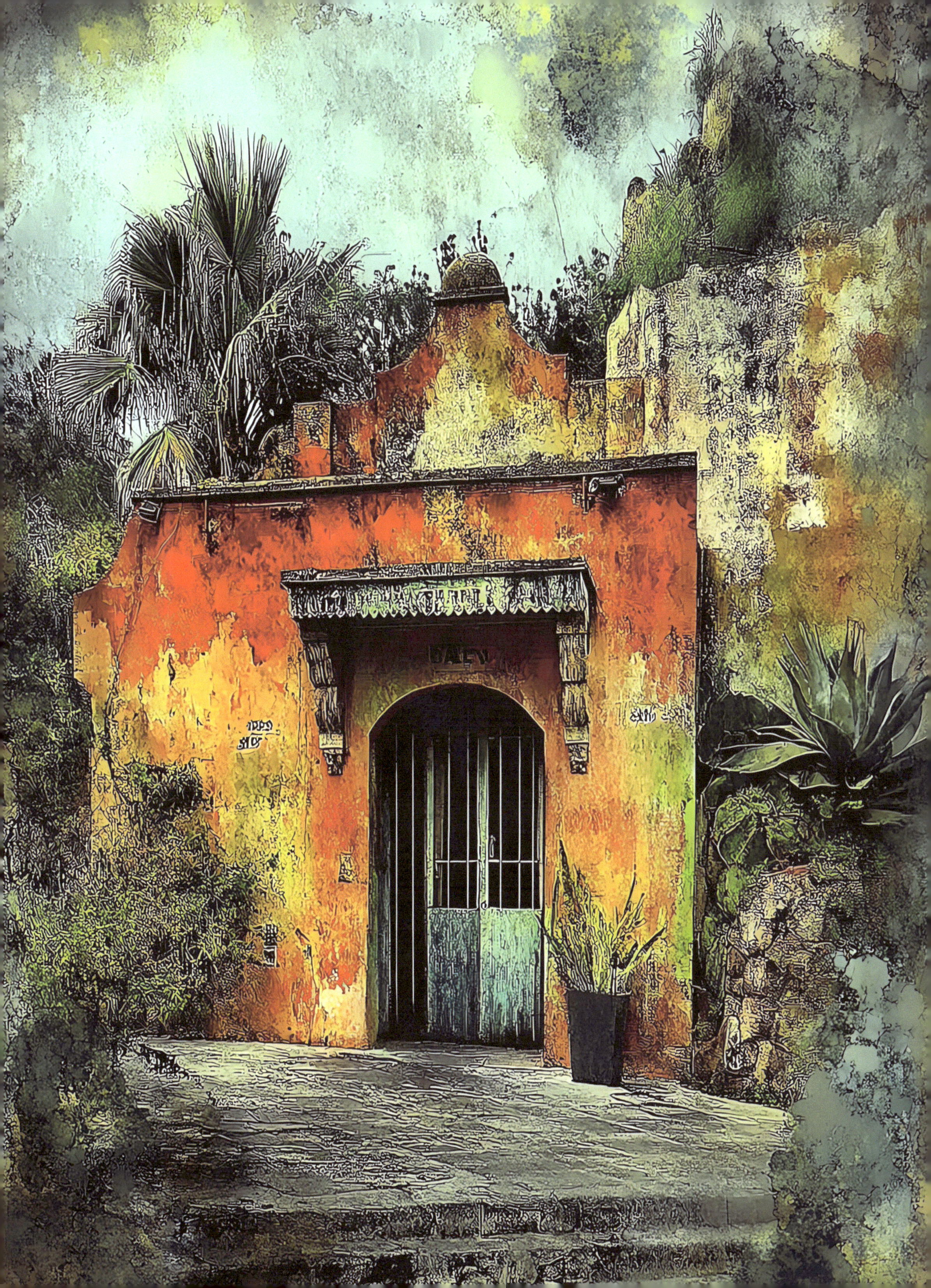

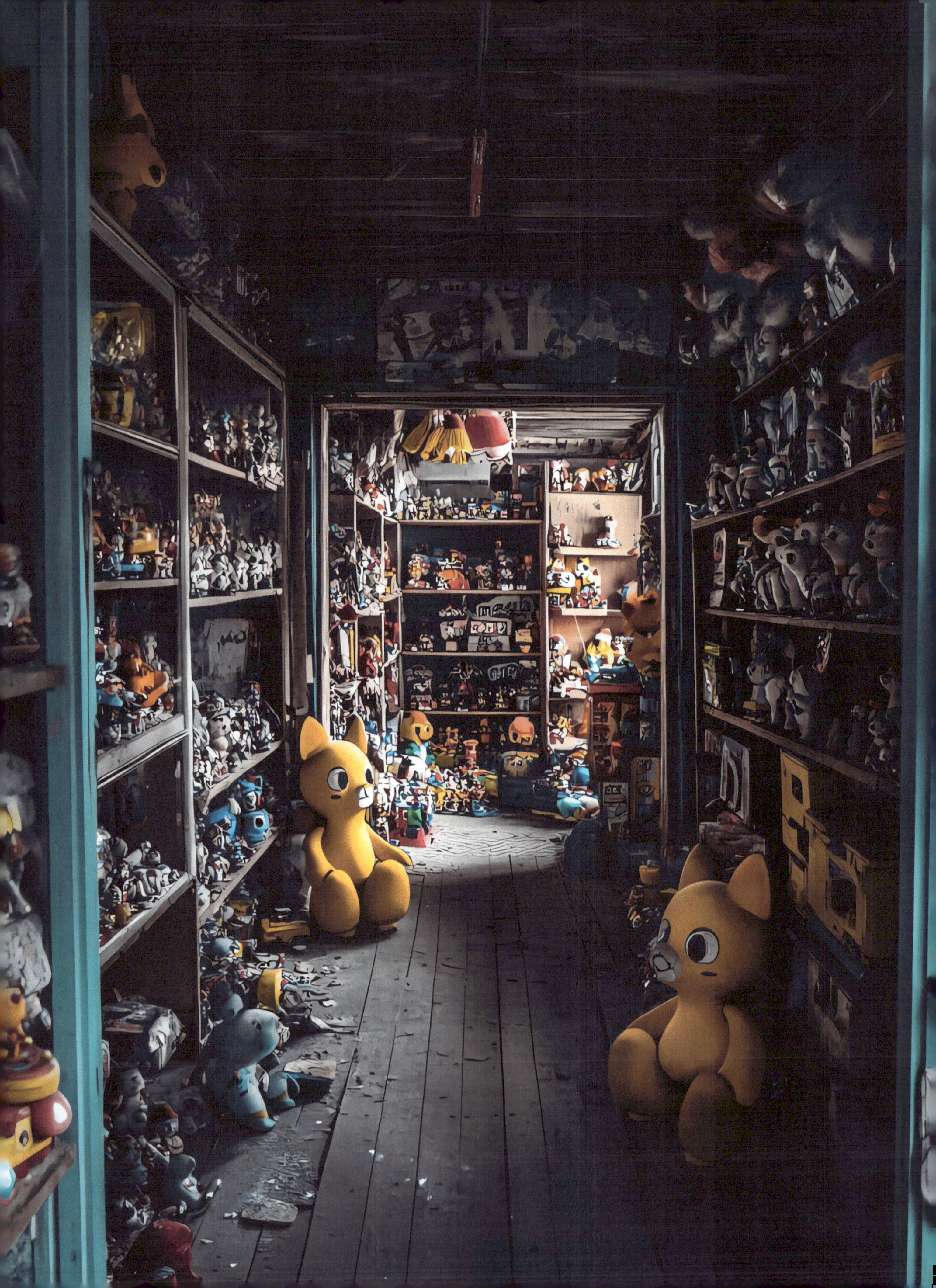

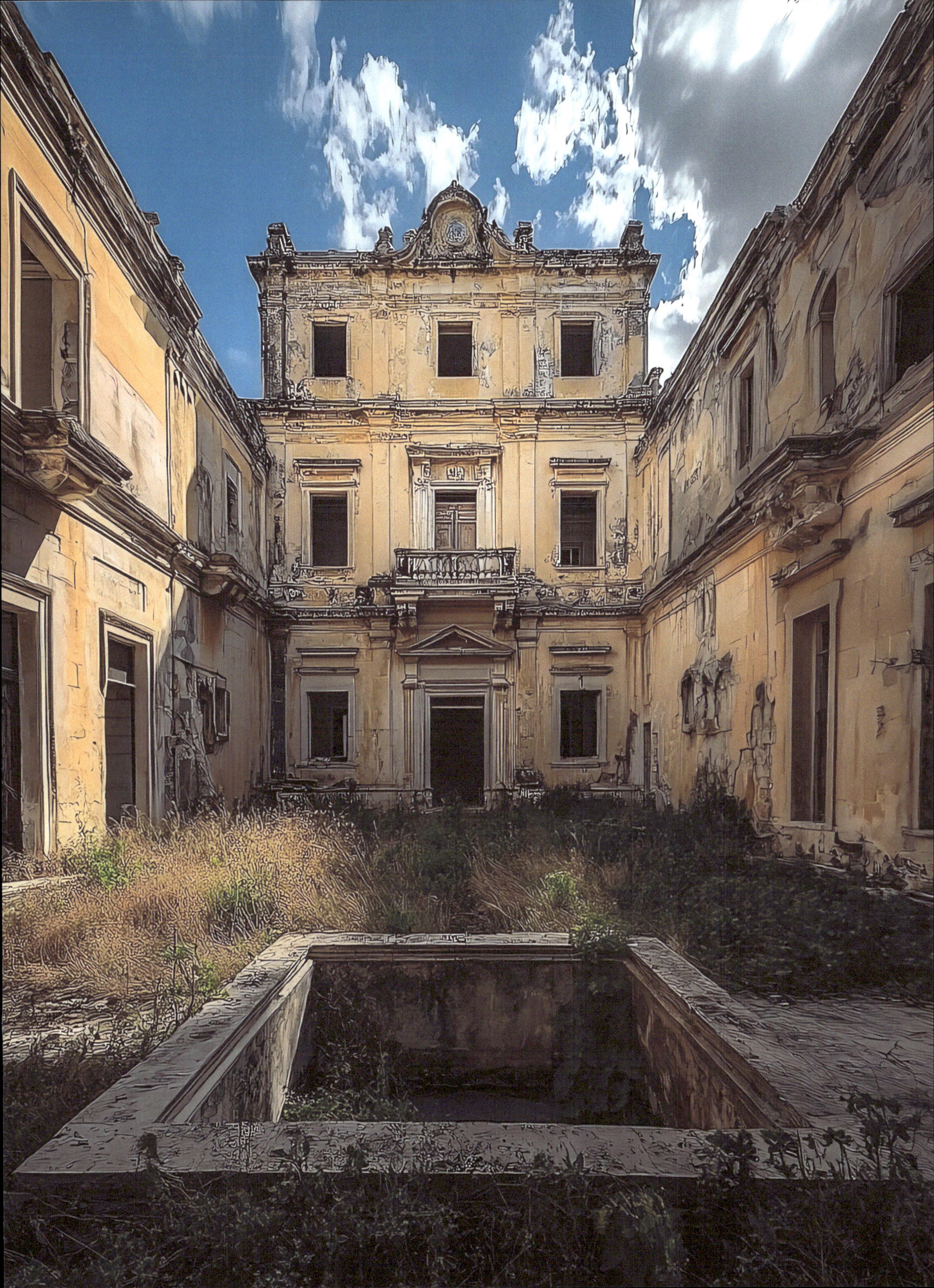

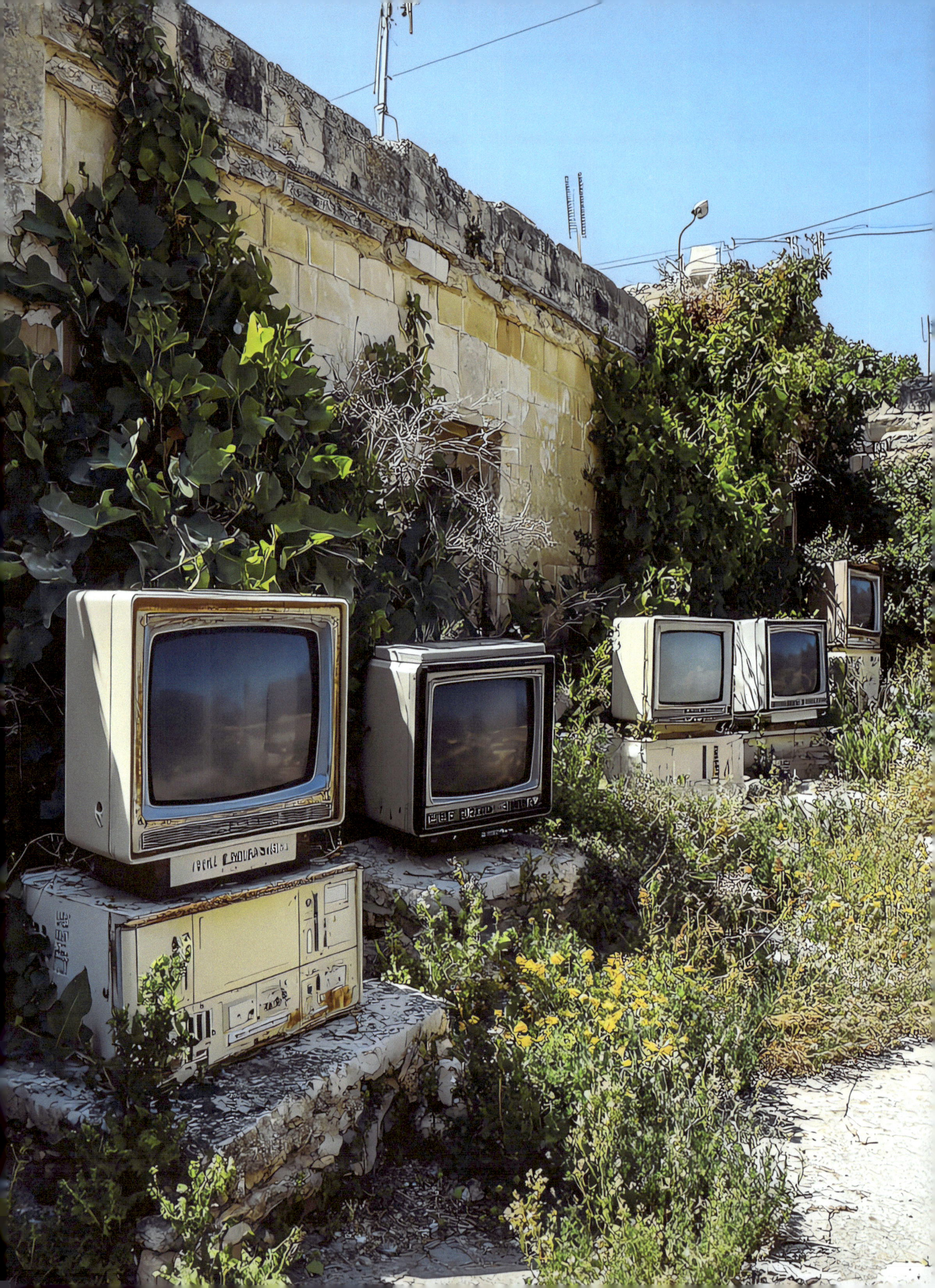

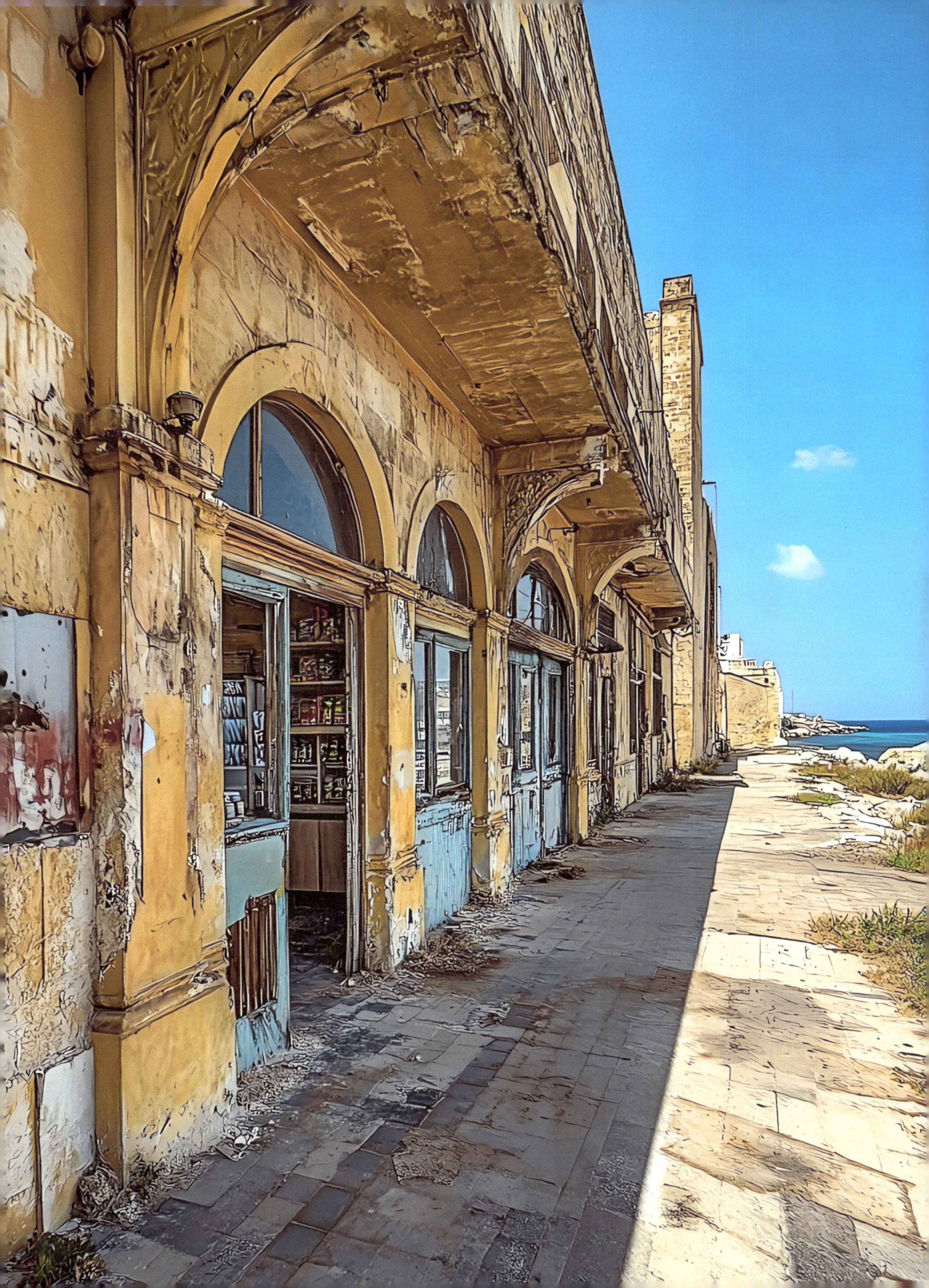

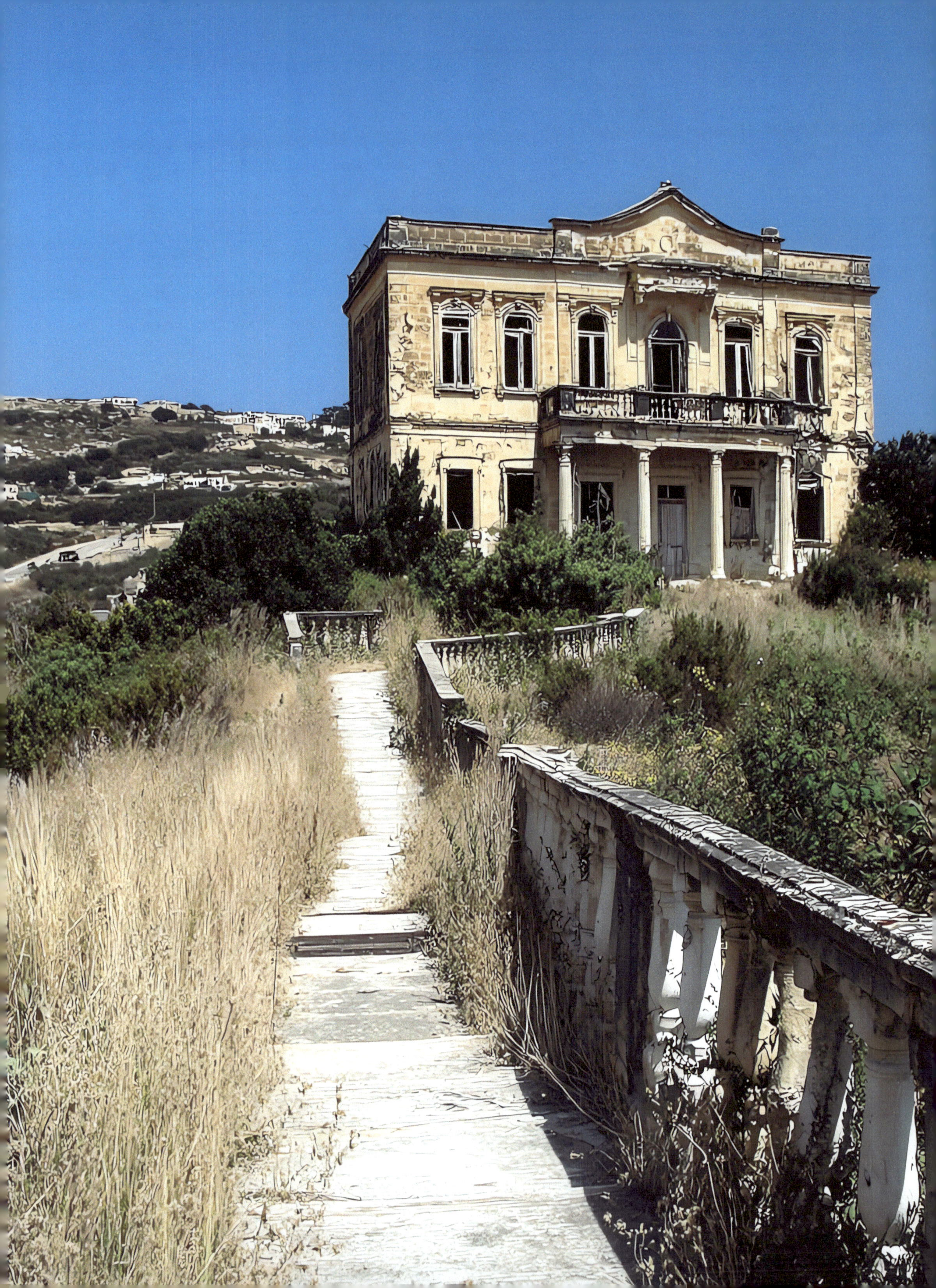

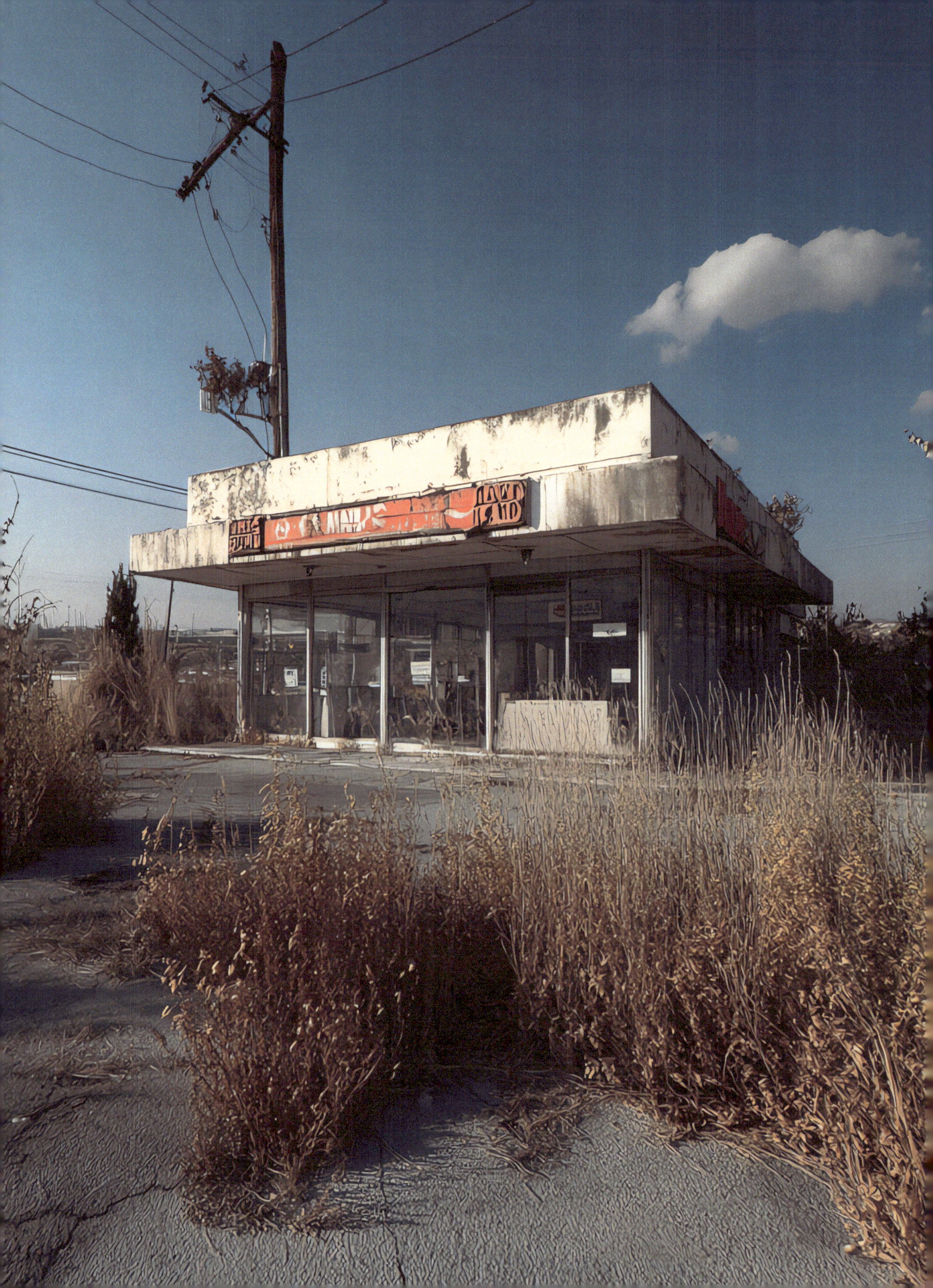

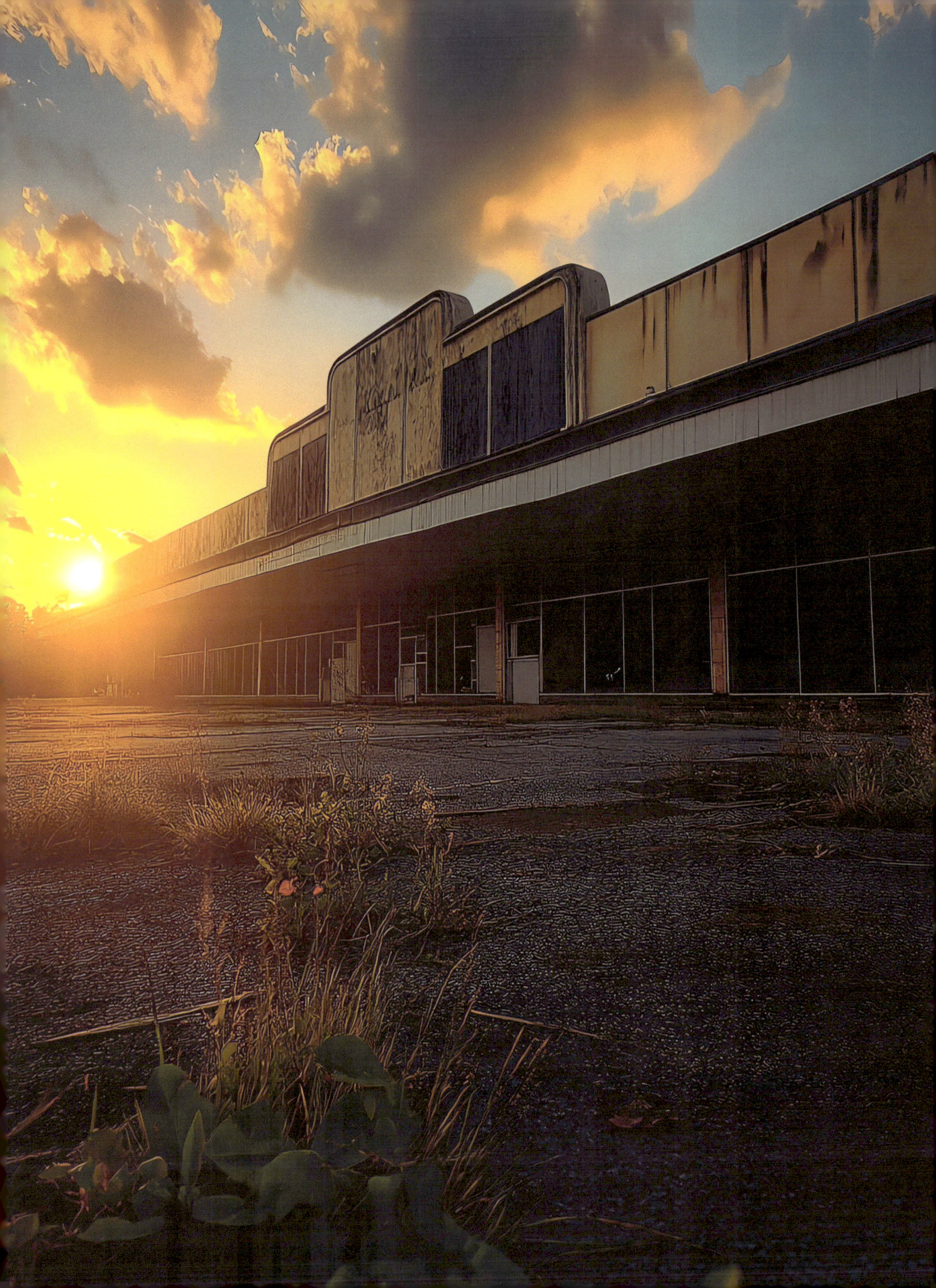

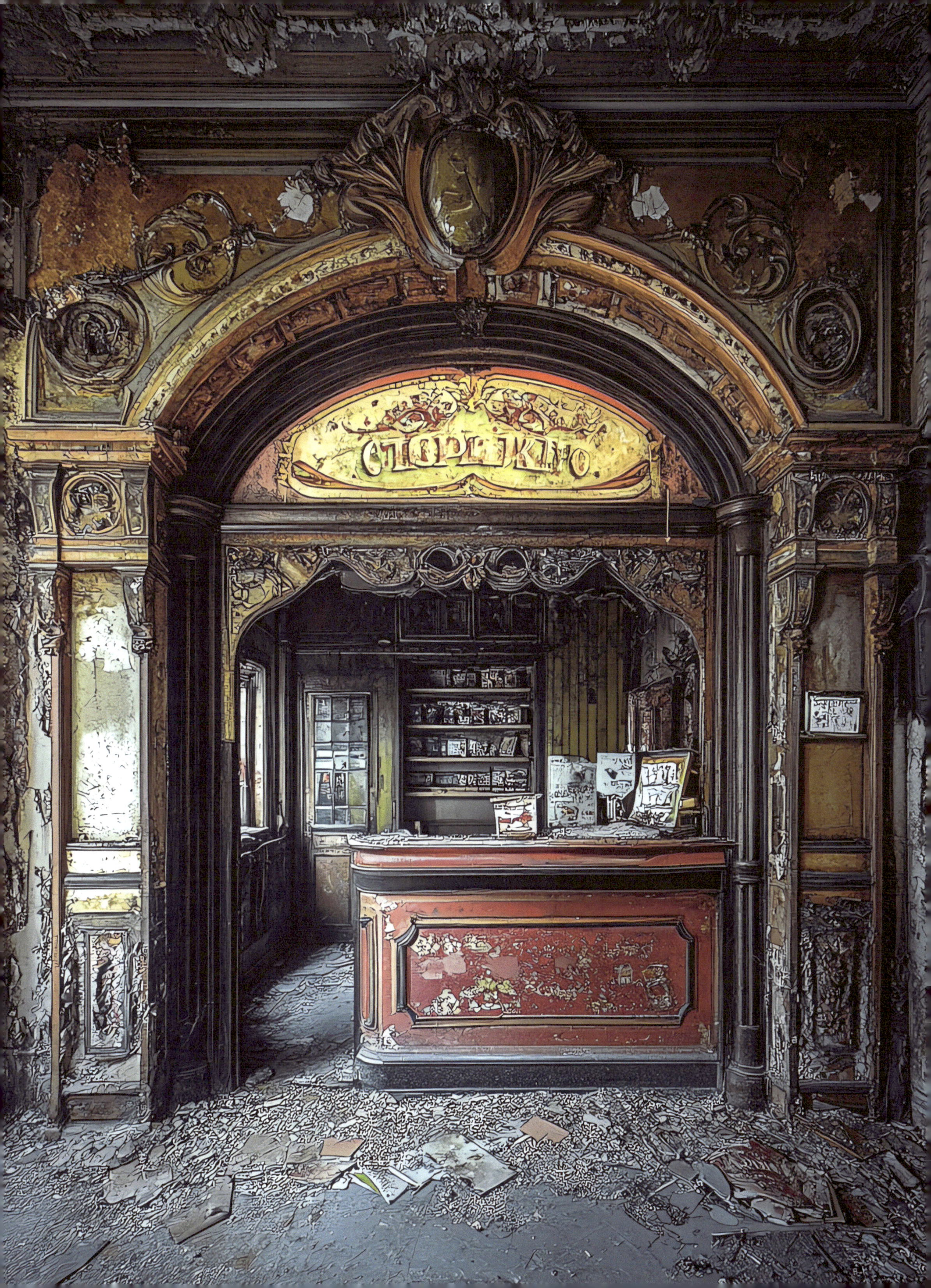

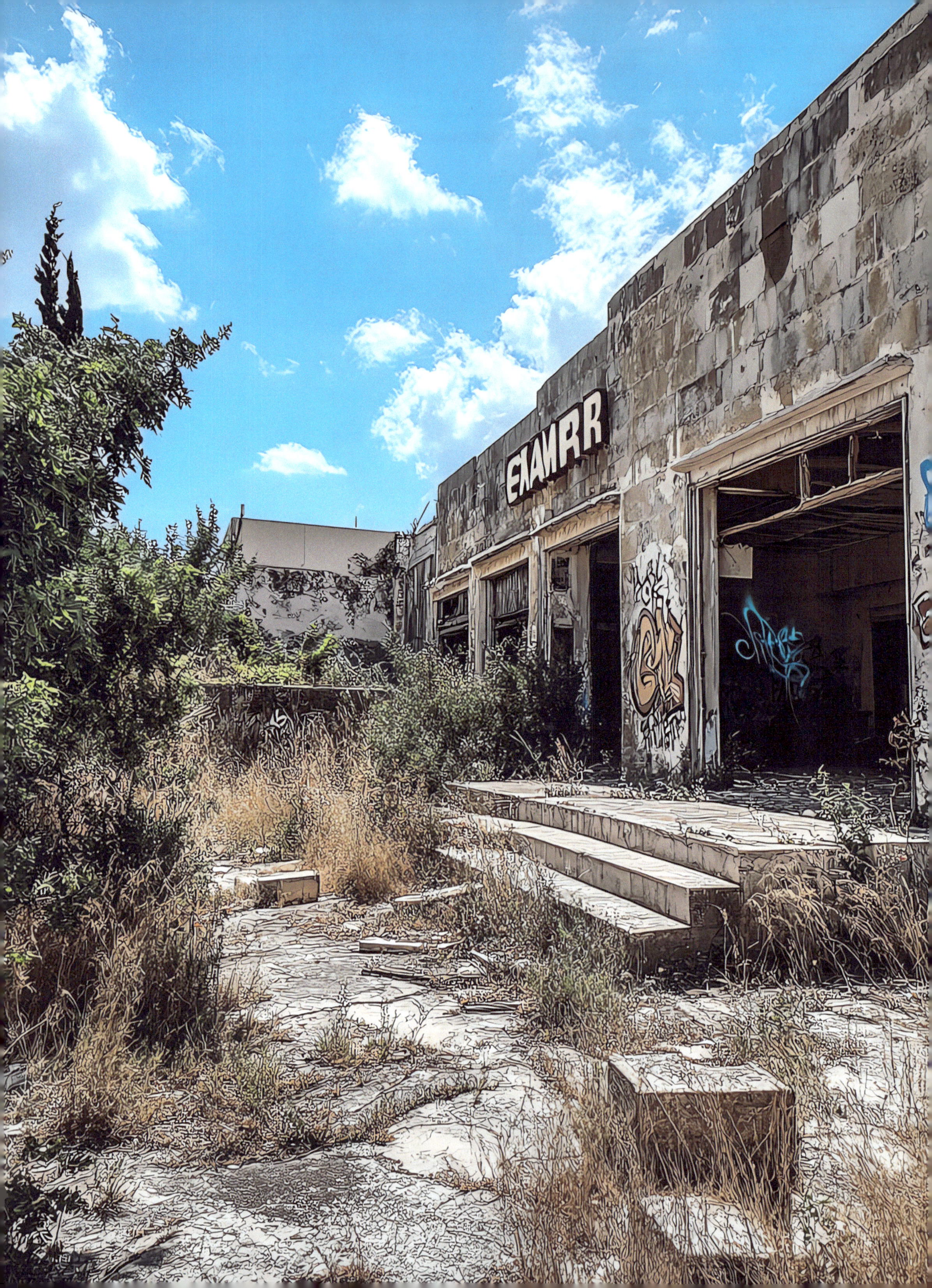
EXAMRR

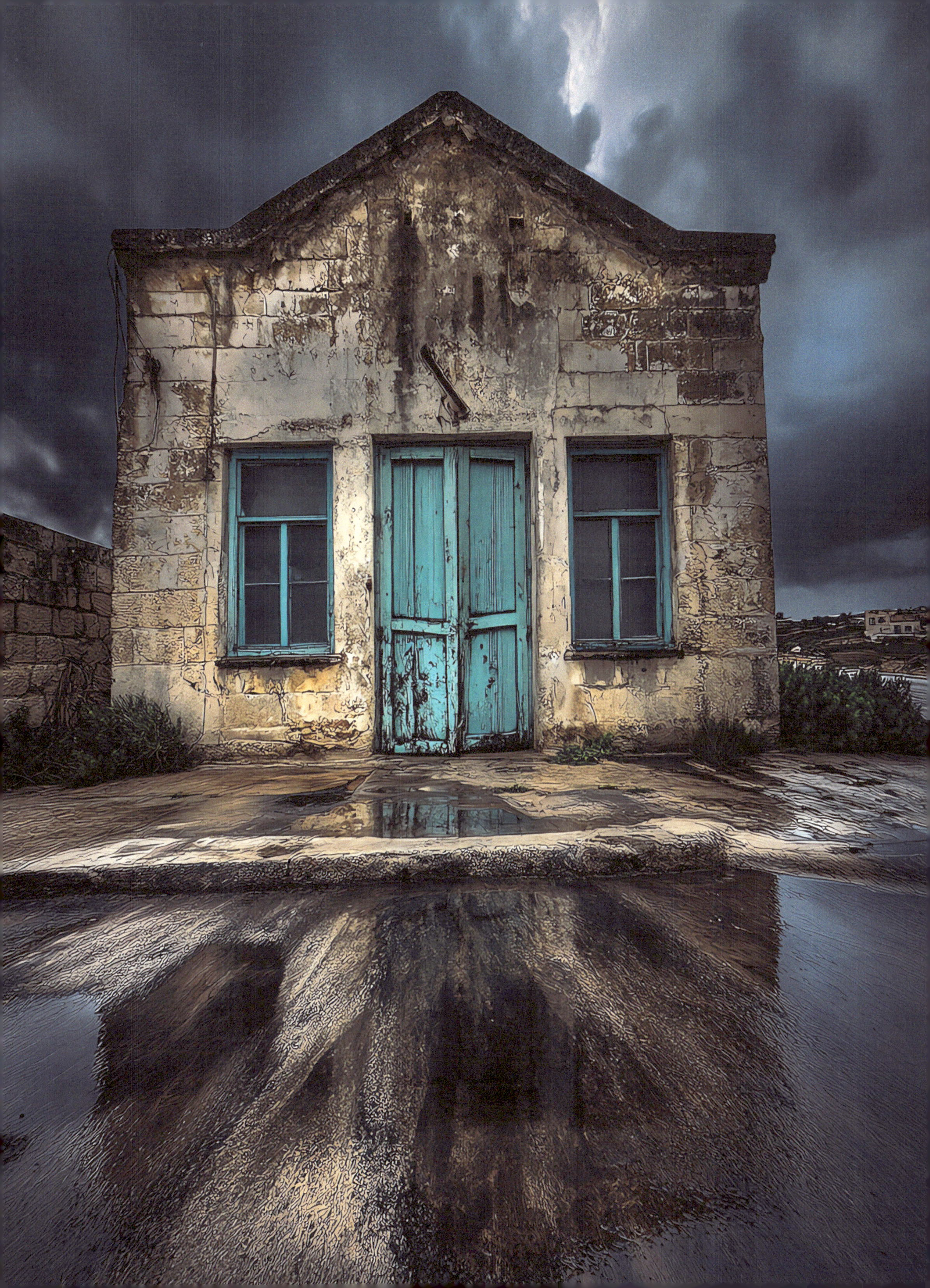

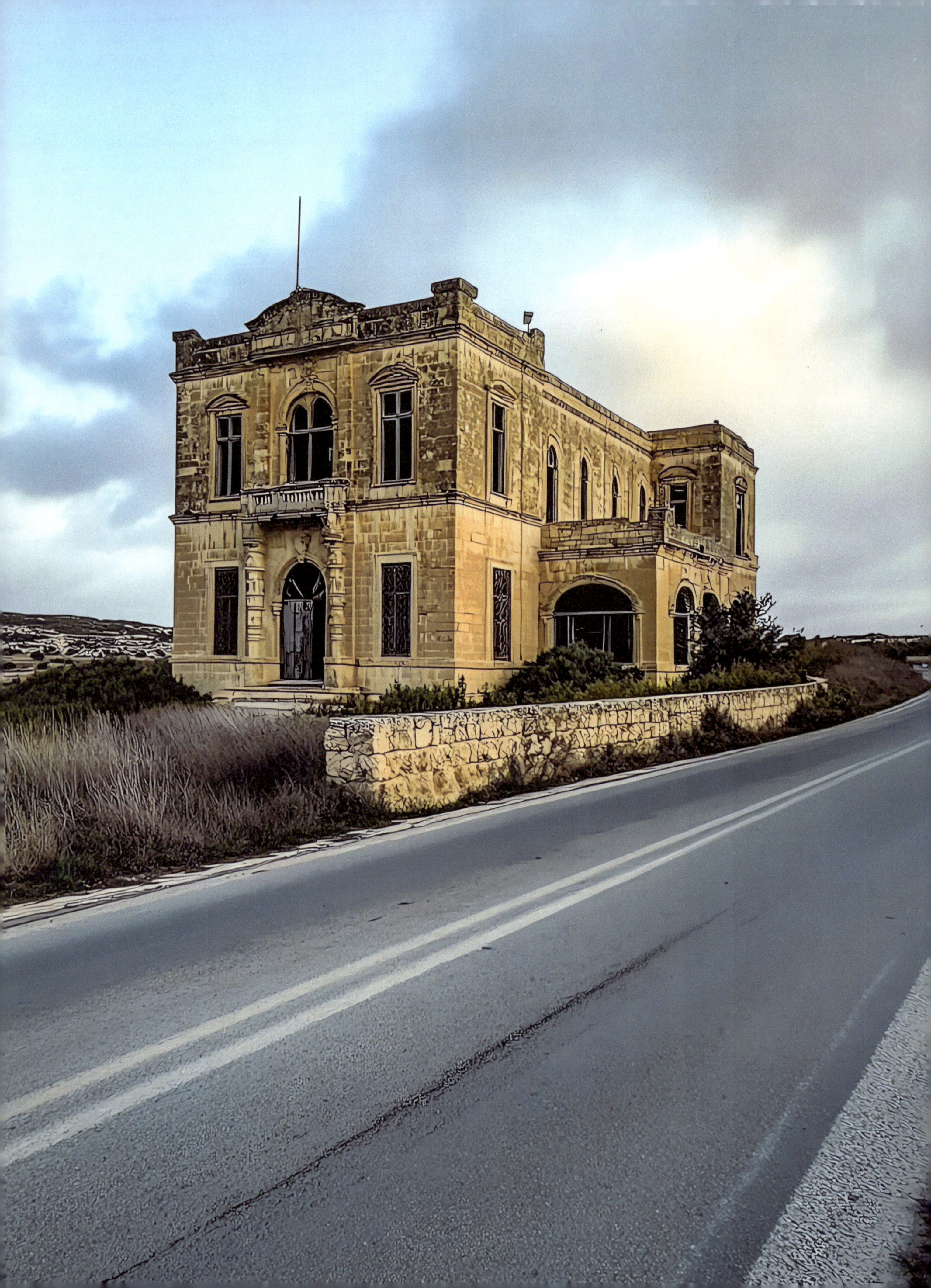

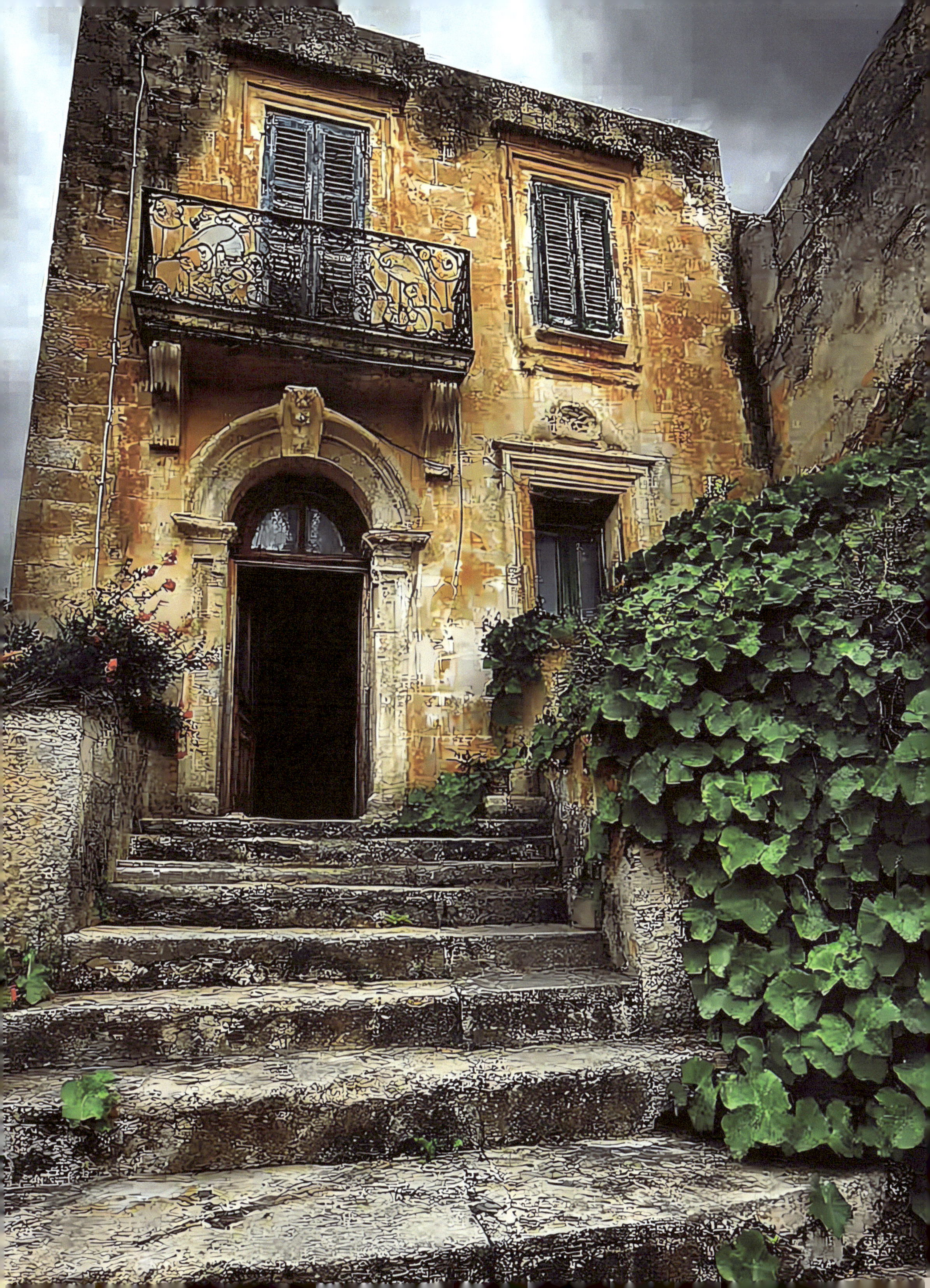

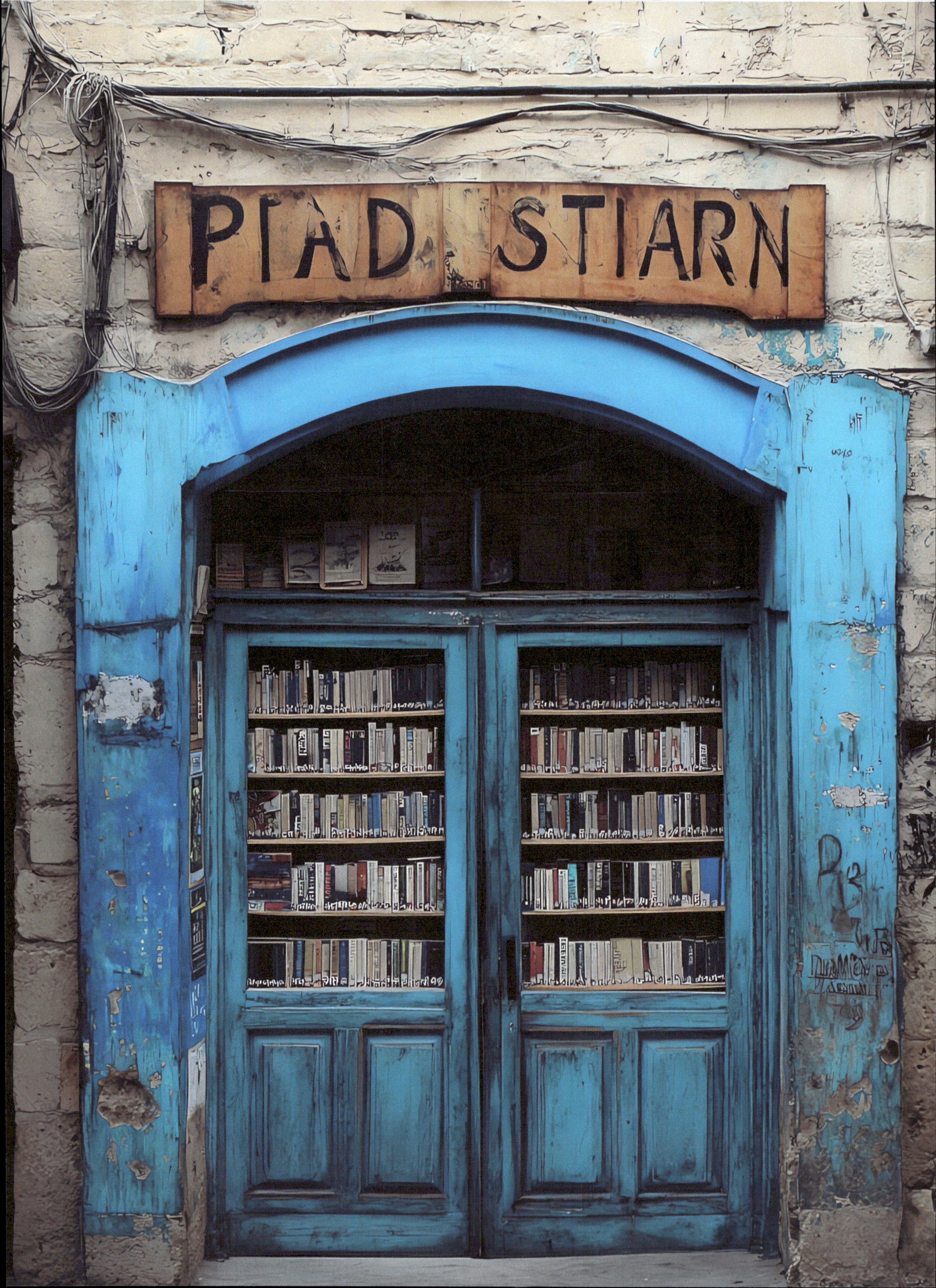
PIAD STIARN

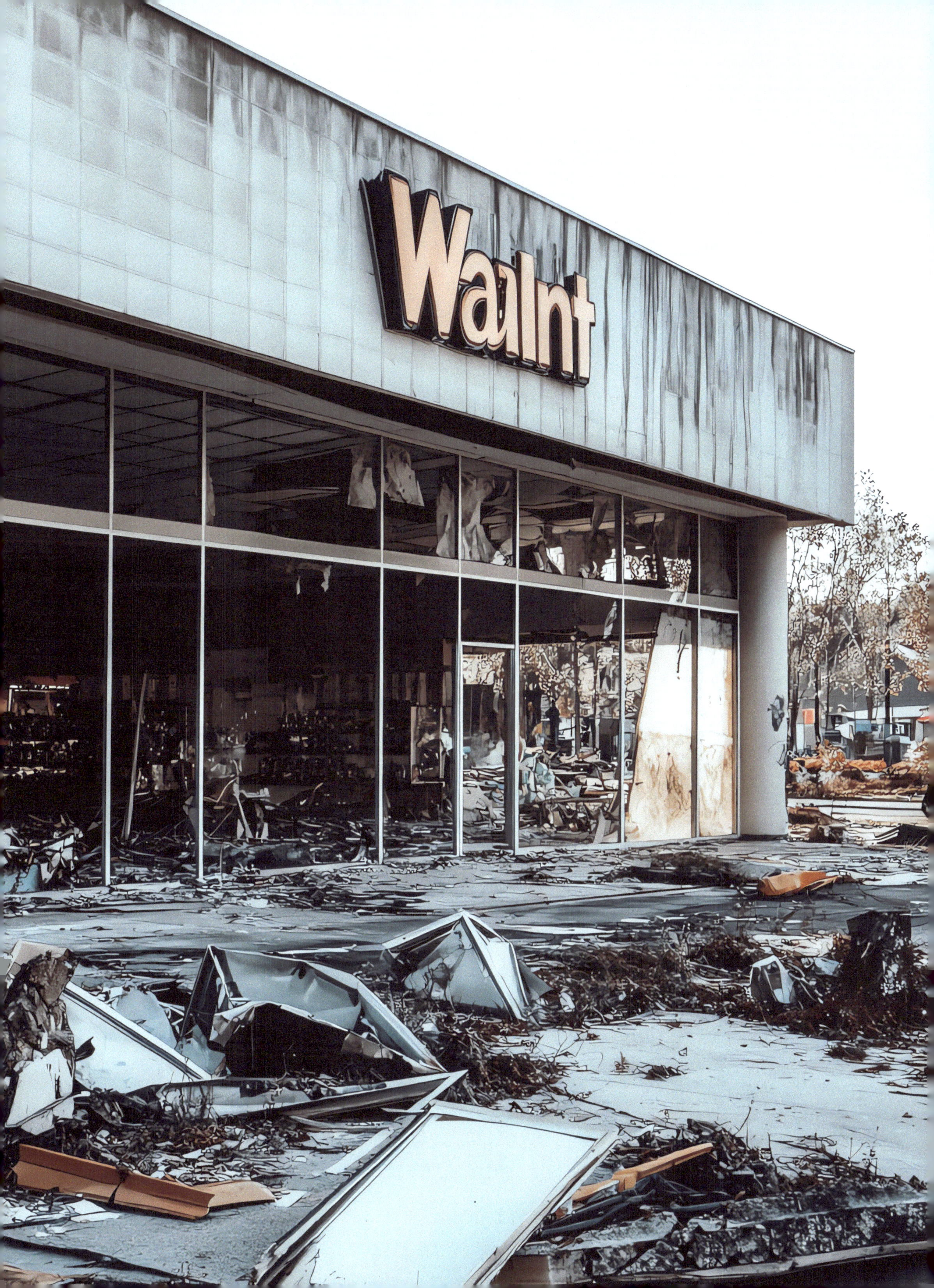
Walnt

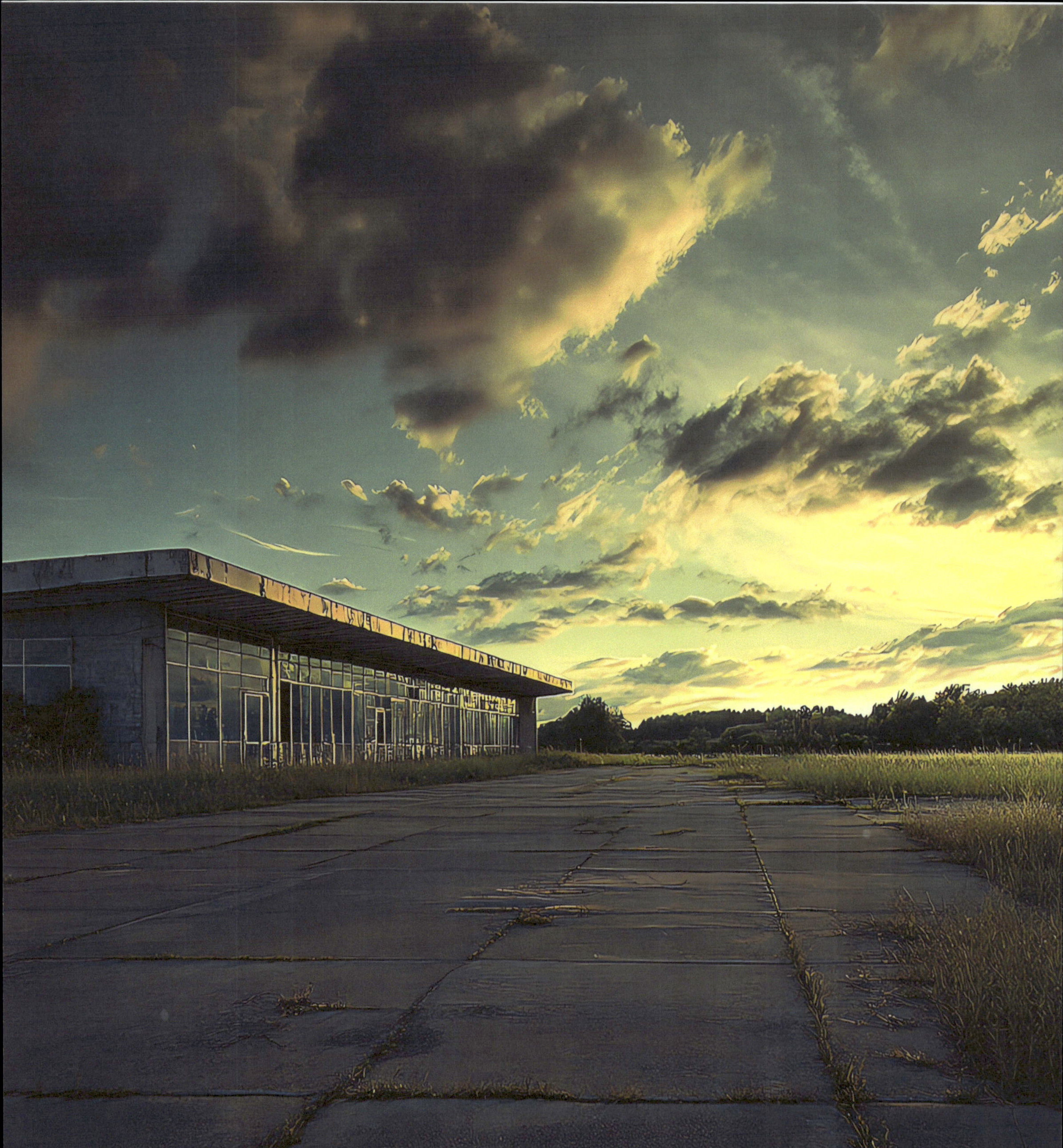

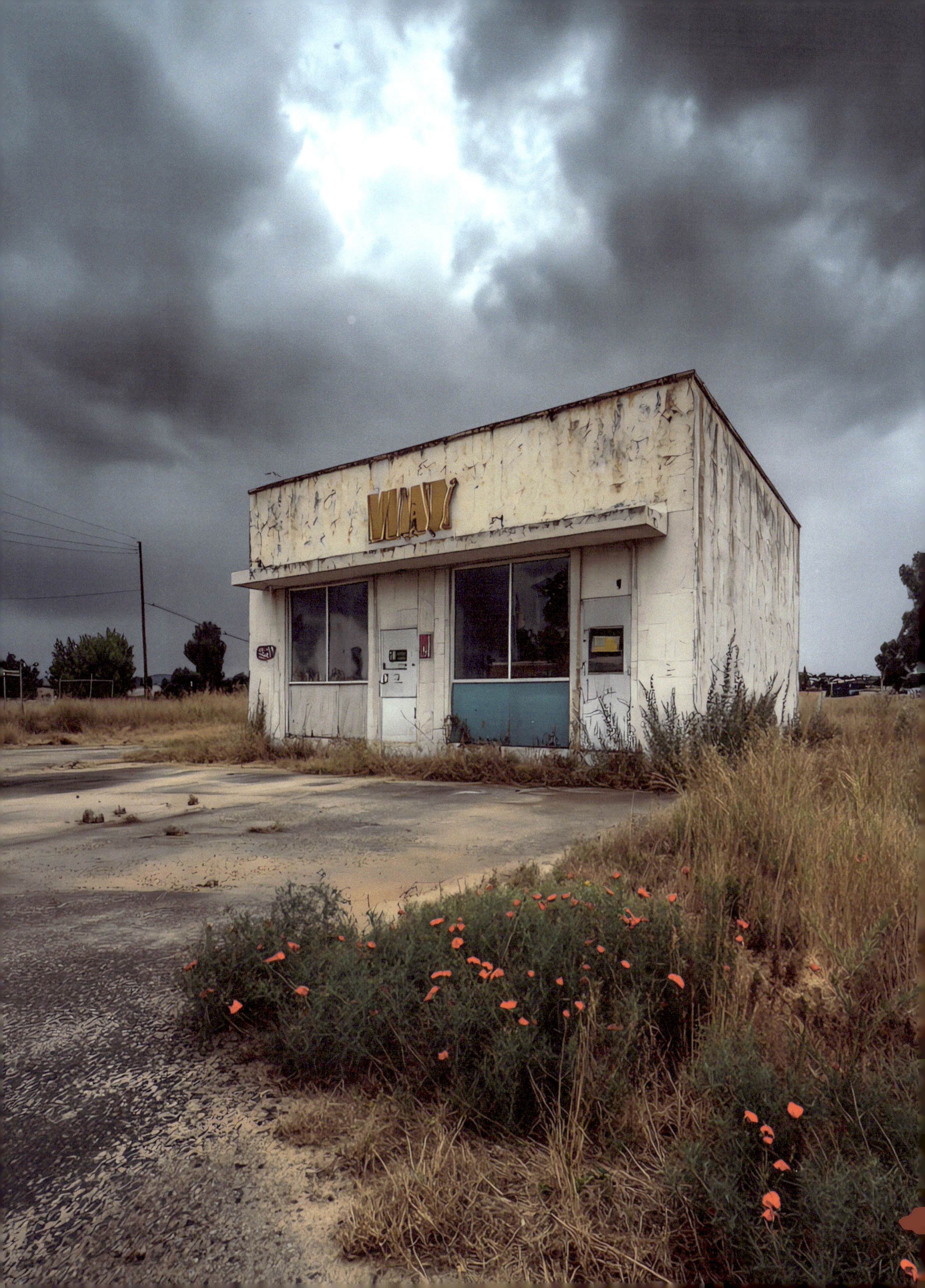

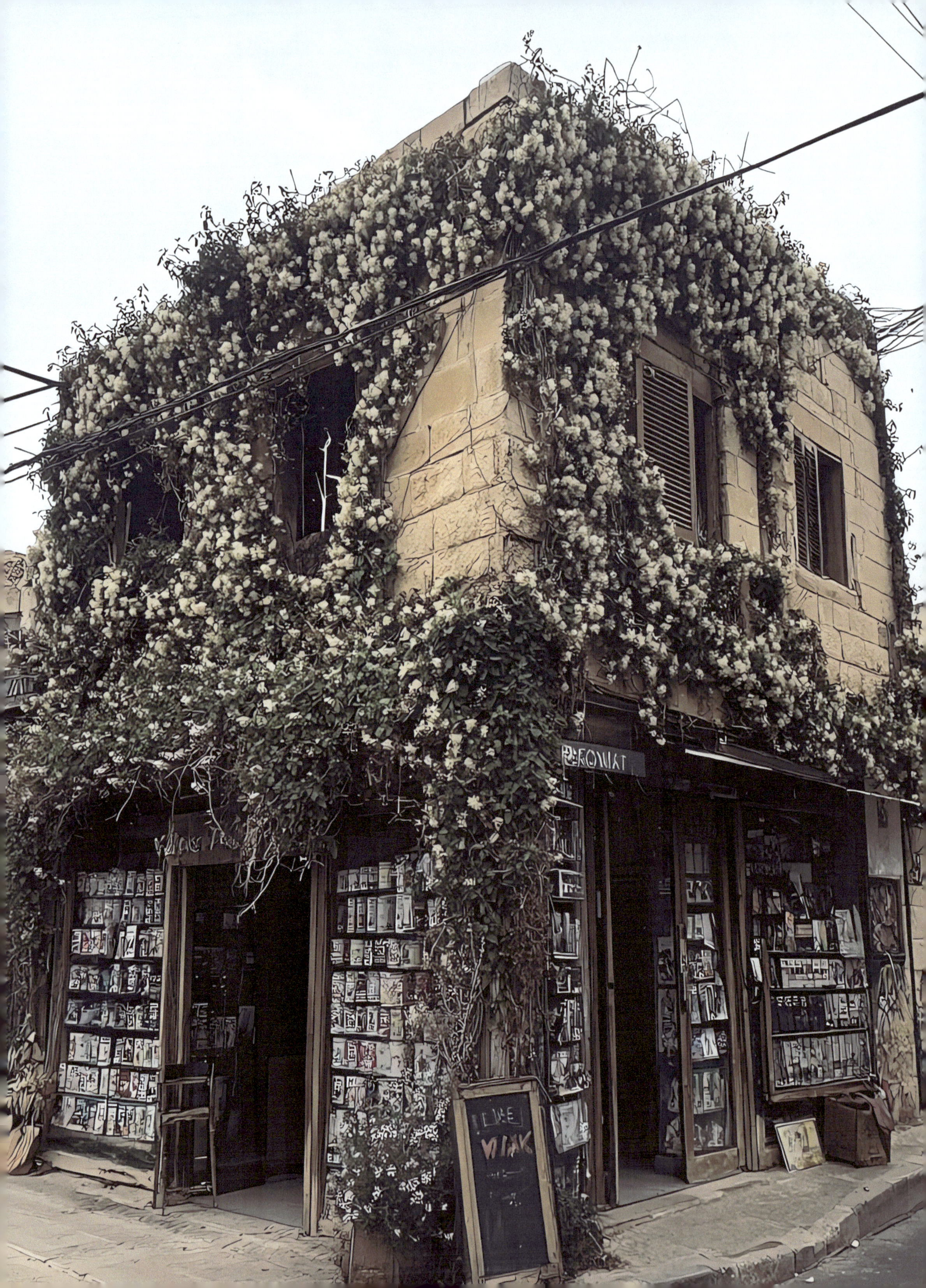

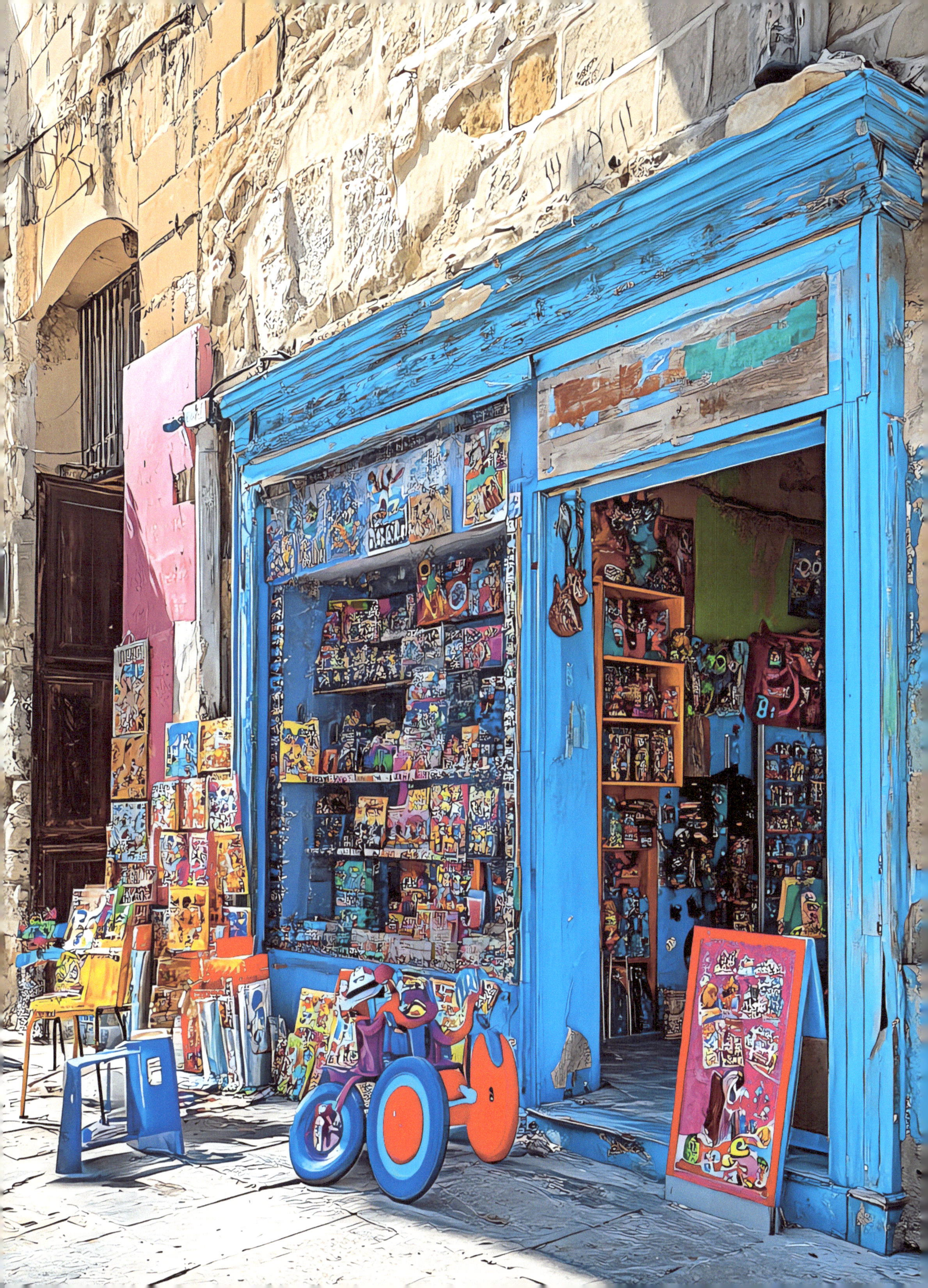

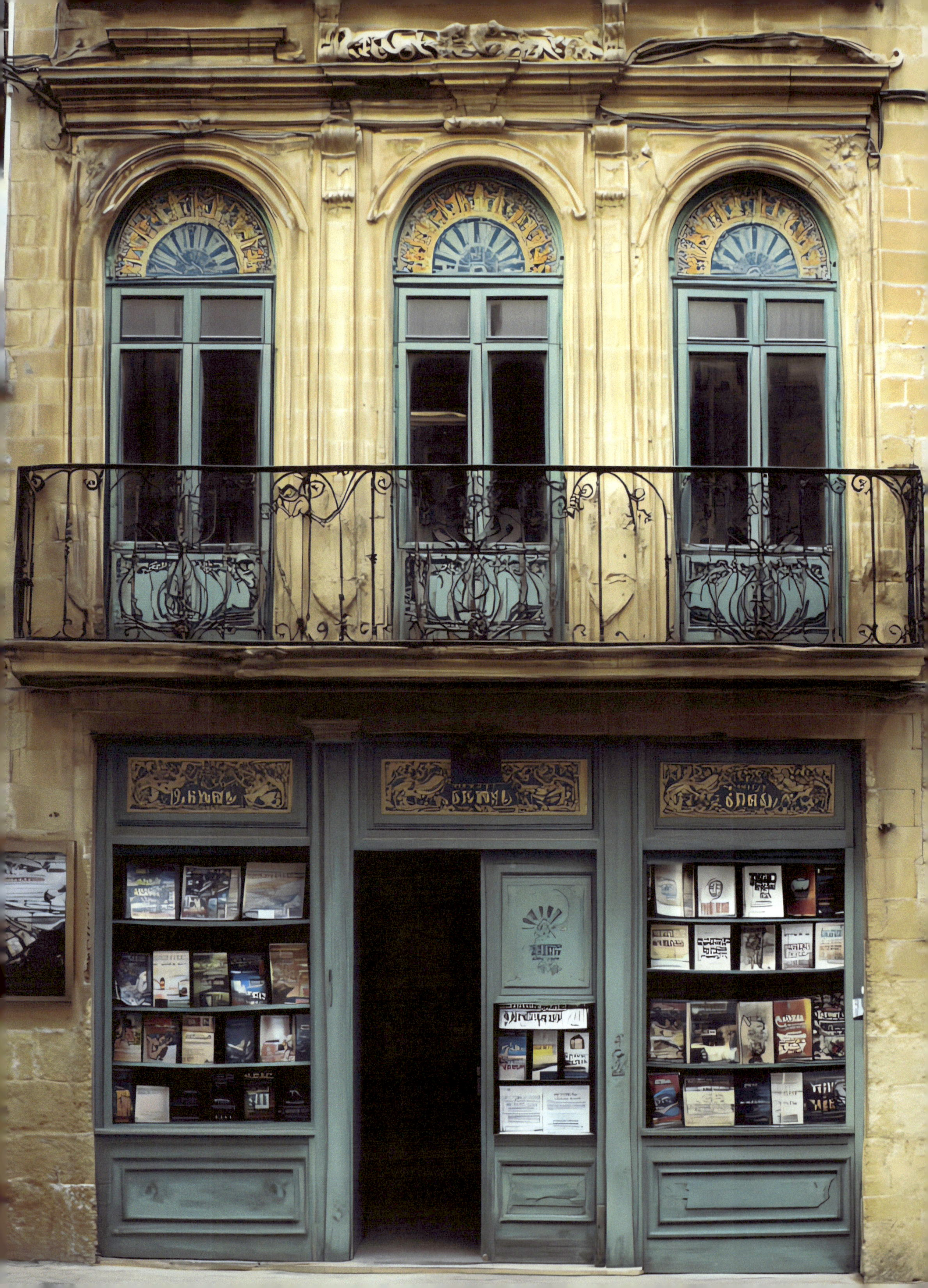

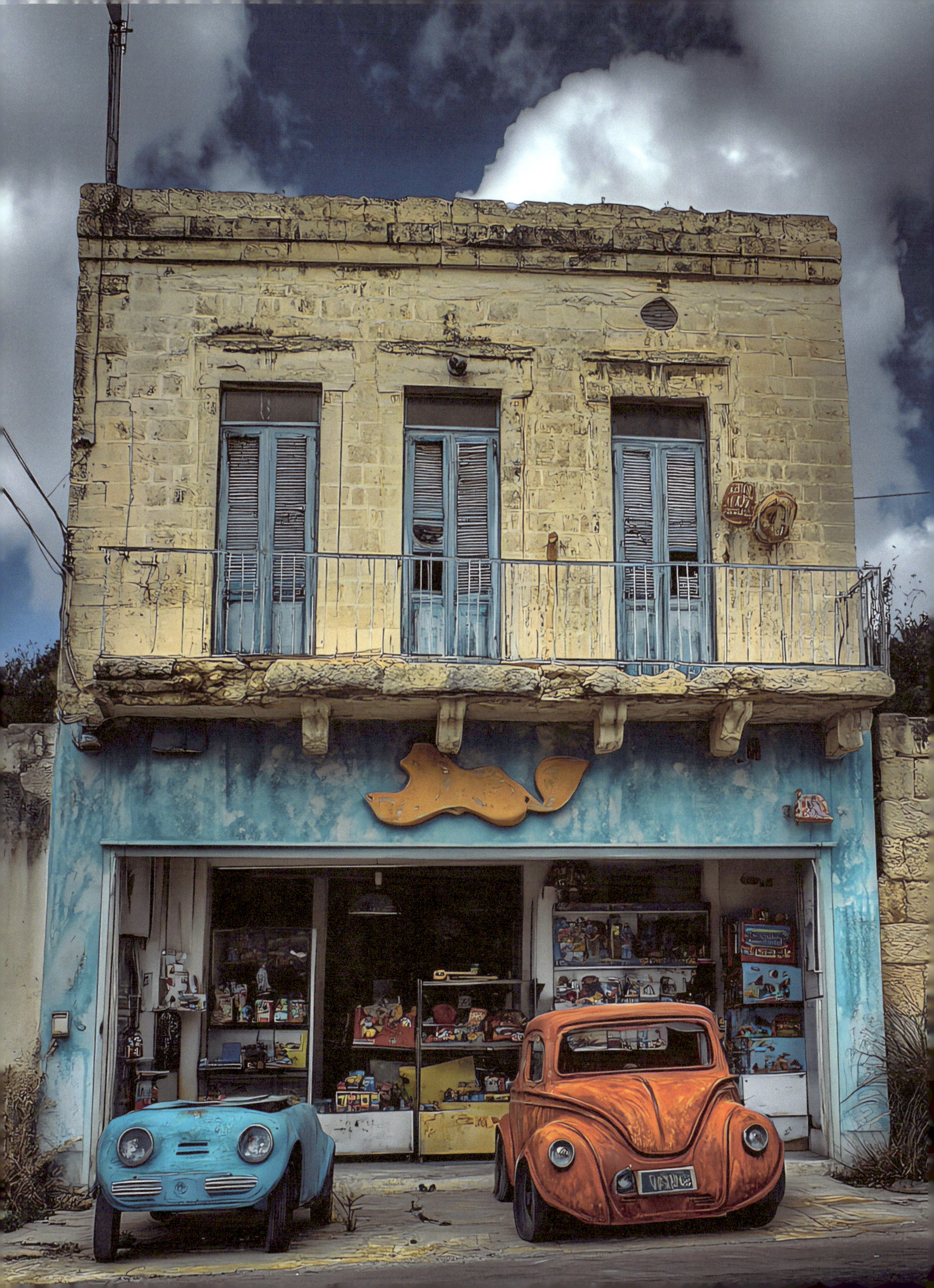

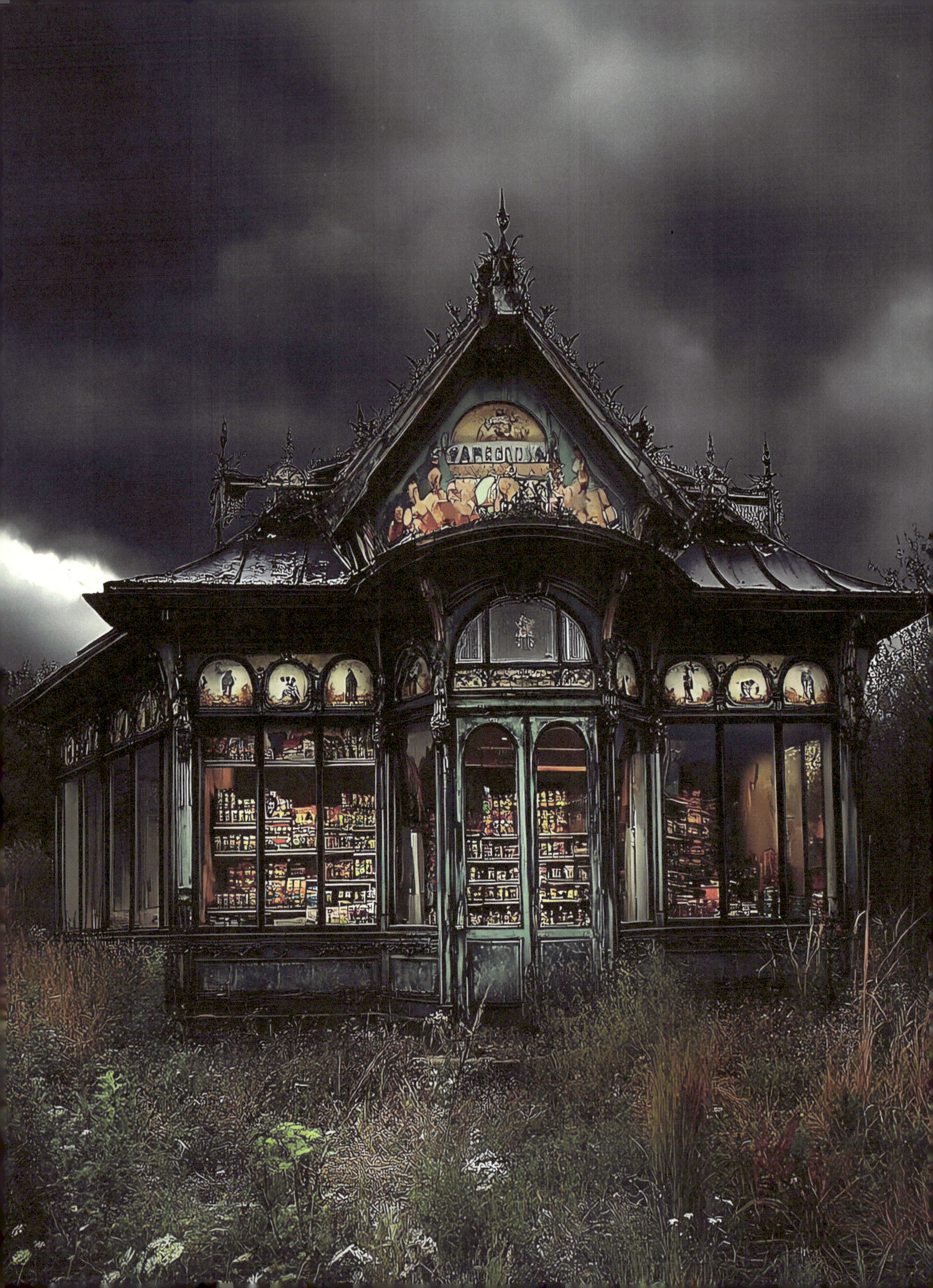

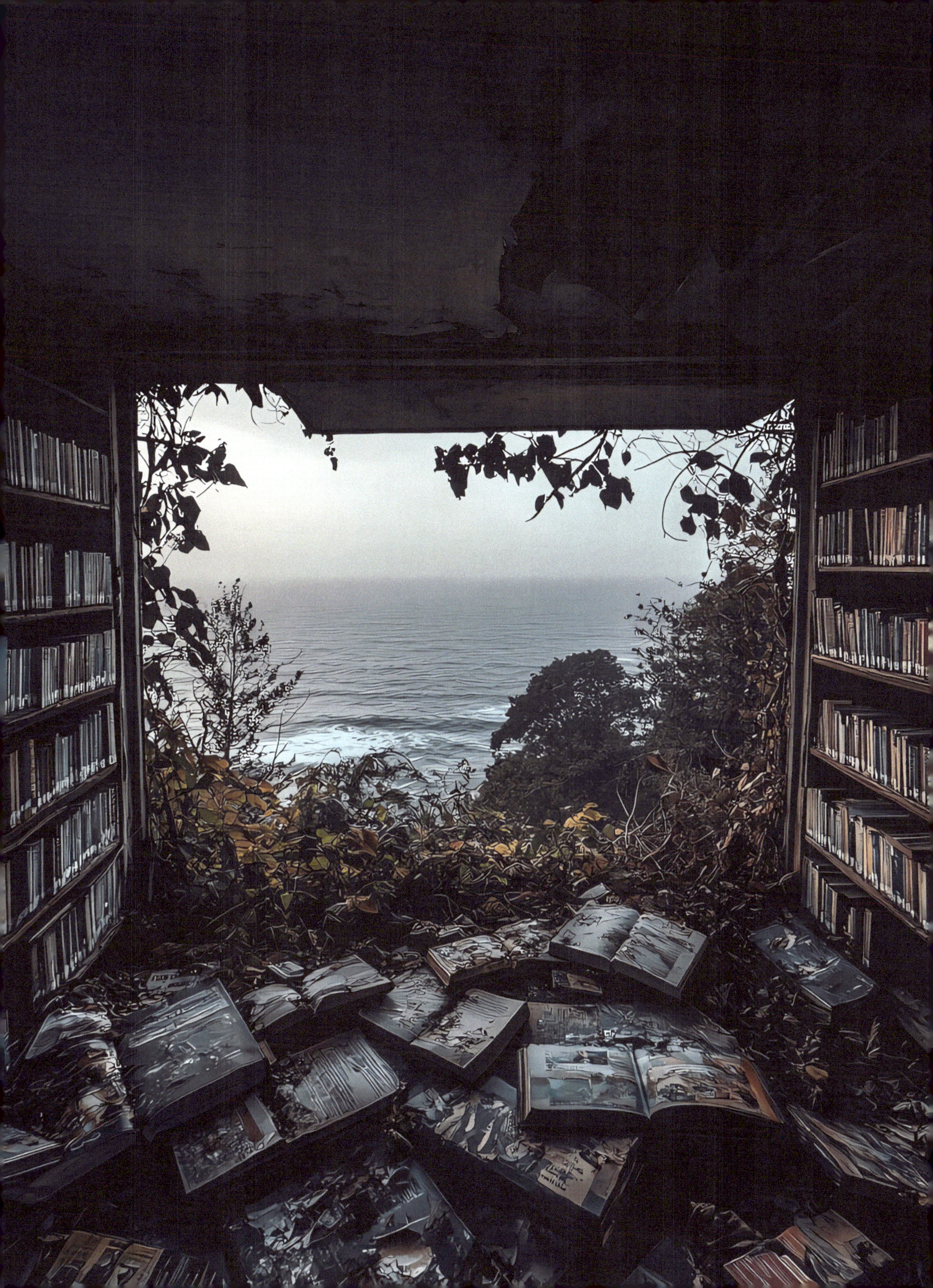

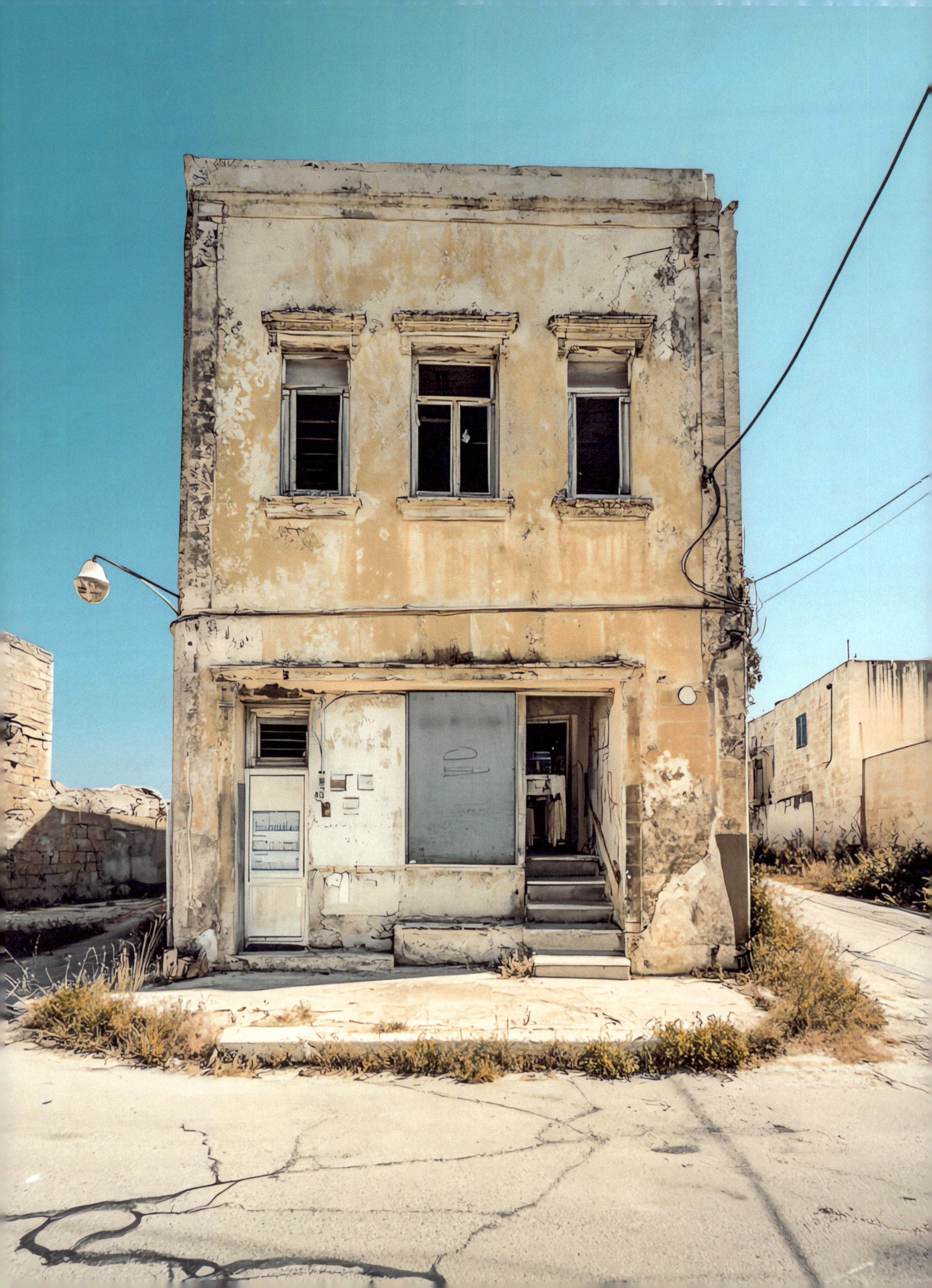